Phaedon

oder

über die

Unsterblichkeit der Seele

in drey Gesprächen.

von

Moses Mendelssohn.

Mit Kön. Preuß. Churf. Brand und Churf. Sächs. Freyheit.

Berlin und Stettin

bey Friedrich Nicolai.

1767.

Faksimile der Erstausgabe von Mendelssohns philosophischem Hauptwerk »Phaedon«

Moses Mendelssohn

Selbstzeugnisse

Ein Plädoyer für Gewissensfreiheit und Toleranz

Herausgegeben von
Martin Pfeideler

HORST ERDMANN VERLAG

ISBN 3-7711-0334-7

Umschlag: Olaf Rethfeldt
Gesamtherstellung: Kösel, Kempten

INHALT

Kant an Moses Mendelssohn über »Jerusalem«

16. Aug. 1783

... Herr Friedländer wird Ihnen sagen, mit welcher Bewunderung der Scharfsinnigkeit, Feinheit und Klugheit ich Ihr Jerusalem gelesen habe. Ich halte dieses Buch für die Verkündigung einer großen, obzwar langsam bevorstehenden und fortrückenden Reform, die nicht allein Ihre Nation, sondern auch andere treffen wird. Sie haben Ihre Religion mit einem solchen Grade von Gewissensfreiheit zu vereinigen gewußt, die man ihr gar nicht zugetraut hätte und dergleichen sich keine andere rühmen kann. Sie haben zugleich die Notwendigkeit einer unbeschränkten Gewissensfreiheit zu jeder Religion so gründlich und so hell vorgetragen, daß auch endlich die Kirche unsererseits darauf wird denken müssen, wie sie alles, was das Gewissen belästigen und drücken kann, von der ihrigen absondert, welches endlich die Menschen in Ansehung der wesentlichen Religionspunkte vereinigen muß; denn alle das Gewissen belästigende Religionspunkte kommen uns von der Geschichte, wenn man den Glauben an deren Wahrheit zur Bedingung der Seligkeit macht ...

Poirot riecht den Braten

I

«Einen Penny für Guy Fawkes, Sir?»

Der kleine Junge mit dem schmutzigen Gesicht grinste liebenswürdig.

«Ich denke nicht daran!», entgegnete Chefinspektor Japp. «Hör mal, Bürschchen ...»

Es folgte eine kurze Strafpredigt. Der erschrockene Junge trat eilig den Rückzug an, wobei er seinen Kameraden laut und deutlich zurief: «Verdammt, der feine Kerl ist ein Bulle!»

Die Bande von Gassenjungen ergriff die Flucht und sang dabei das alte Lied:

«Gedenke, gedenke
des fünften November,
Pulver, Verrat und Komplott.
Wir sehen nicht ein,
dass ein Pulver-Komplott
jemals vergessen sollt' sein.»

Der Begleiter des Chefinspektors, ein kleiner älterer Mann mit eiförmigem Schädel und großem, militärisch wirkendem Schnurrbart, lächelte in sich hinein.

«Très bien, Japp», bemerkte er. «Eine treffliche Predigt! Ich gratuliere Ihnen!» ,

«Nichts als ein dummer Vorwand, um zu betteln, dieser Guy-Fawkes-Tag!», grollte Japp.

«Ein interessantes Relikt», meinte Hercule Poirot. «Die Feuerwerkskörper knallen – peng – peng –, obwohl der Bursche, zu dessen Gedächtnis das geschieht, und seine Tat längst vergessen sind.»

Der Mann von Scotland Yard nickte.

«Glaube nicht, dass von diesen Kindern noch viele wissen, wer Guy Fawkes war.»

«Und bald wird es zweifellos eine Begriffsverwirrung geben. Ist es Ehre oder Fluch, wenn am fünften November das *feu d'artifice* in den Himmel steigt? War es Sünde, ein englisches Parlament in die Luft zu sprengen, oder eine hochherzige Tat?»

Japp lachte amüsiert. «Manche Leute würden sicherlich sagen, das letztere.»

Die beiden Männer bogen von der Hauptstraße in eine vergleichsweise ruhige Gasse ein. Sie hatten zusammen zu Abend gegessen und nahmen nun die Abkürzung zu Hercule Poirots Wohnung durch einen Hof mit zu Garagen und Wohnungen umgebauten ehemaligen Stallungen.

Während sie so dahinschritten, ließ sich von Zeit zu Zeit immer wieder das Zischen von Feuerwerkskörpern vernehmen. Gelegentlich erhellte ein goldener Funkenregen den Himmel.

«Eine gute Nacht für einen Mord», bemerkte Japp mit kriminalistischem Interesse. «Ein Schuss beispielsweise würde in einer solchen Nacht keinem Menschen auffallen.»

«Ich habe mich immer gewundert, dass nicht mehr Verbrecher sich diese Tatsache zunutze machen», stimmte Hercule Poirot zu.

«Wissen Sie, Poirot, manchmal wünschte ich fast, dass Sie einmal einen Mord begingen.»

Prolog
von Arnold Zweig

Geschrieben »zu Ehren Moses Mendelssohns« zum 200. Geburtstag, 1929

In Sachen des verstorbenen Herrn Moses Mendelssohn.
Lebte er heute, spräche man auch nicht in geschwollenem Ton.
Von allerlei Leuten säh man ihn heftig verkleinert, mancher schriebe viel Blödes über ihn,
Und in Bayern oder Frankfurt hieße es wieder: natürlich, Berlin.
Auch seinem Freund G. E. Lessing käme man öfter quer,
Seinen Gegnern kommt er noch heute jüdisch vor, Lessing, er!
Nein, mein Herr, Herr Lessing ist ein waschechter Deutscher, ein glaubender Christ,
Grade gewachsen, mit breitem Kinn, helläugig, ein Evangelischer wie er selten ist,
Allerdings kein Pfaffe, aber ein Eiferer für das Aufstecken von möglichst vielen Kerzen,
Ein Leuchtturm mit einem glühenden deutschen Herzen.
Da steht er, laßt euch nicht weismachen, er habe gelebt:
Er wird erst leben! Vor uns ragt er, an den Horizont wie der Morgenstern geklebt,
Und neben ihm, sitzend in einem Stuhle, den Kopf in die Hand gestützt,
Ohne Pose, wie ein Mann, der viel denkt, eben sitzt,
Dieser kleine rundrückige Jude, aus Dessau, beim Eintritt in Berlin wie ein Schöps verzollt,
Mit gut ausgebildetem Hirn und mit Blute, das mutig rollt.
Von seinem großdunkelnden Auge strömte die Kraft seiner reinen Seele aus,
Und ein aufrechter Sinn ward groß im verkümmerten Körperhaus.
Er liebte das Schöne, Ewigen Einsichten lebte er zugewandt.
Sein Vollbringen war zeitlich – aber herrlich bleibt immer sein strahlender Menschenverstand.
Und wo ein Mann unbedingt dem Erhabenen gegenübersteht,

Da offenbart sich aufleuchtend des Menschen demütige Majestät.
Er war nicht schön, um so mächtiger strahlte aus ihm der Geist,
Was er gedacht hat, wird besser heute und tiefer gedacht zumeist;
Aber *wie* er dachte, inbrünstig einsetzend seine Lebenskraft –
Aus dem einen Mann Moses speiste man heute eine ganze Lehr- und Studentenschaft;
Denn ein Buchhalter blieb er, und nährte sich so, und was er sann,
Blieb frei von Marktwert und Brotbedarf – da stand ein Mann.
Hinter ihm ging groß auf ein Gestirn Immanuel Kant,
Aber Mendelssohn war auch nötig, für den breiten Menschenverstand,
Und wenn im Lehrhaus der strenge Gedanke allein beharrt,
Immer braucht es auch Denker für alle, fürs Leben, für die ewige Gegenwart.
So, wie er im Volke von unten, aus den fruchtbaren Schichten entwuchs,
Zeitlebens vergaß er nicht des schwer auf den Armen lastenden Drucks,
Er wurde kein Königslober, er rezensierte ihn,
Und das konnte man damals wie heut in Berlin.
So sehen wir ihn neben Lessingen, eine verdunkelte neben der strahlenderen Kraft,
Aber eine lebendige Stimme im Herzen deutscher Wissenschaft,
Und über Europa, Amerika, wohin immer im Exil deutsche Juden verstreut,
Alle gedenken sie Moses Mendelssohns heut,
Und nach Dessau blickend nicken sie dankbar: »Er war eine Macht,
Er hat uns allen deutsche Sprache, Bildung, Freiheit, Vernunft gebracht!«
In ihre harte Enge, spießige Finsternis trug er europäisches Licht,
Moses, das vergessen die Ihnen nicht.
Manchmal standen sie streitend, aber Sie keiften nicht,
Ohne starre Maske zeigten Sie stets ein nobles Gesicht.
Adel des Herzens und der schlichteste Ton,
Liebenswert sind Sie noch heute, Moses Mendelssohn.
Ihr Lebtag haben Sie sich geplagt und zerdacht,
Und wir haben manchmal Ihre tapfere Aufklärung ausgelacht;

Aber heute, zehn Jahre nach einem gründlich ausgekosteten Krieg,
Seufzen wir manchmal nach ihr und nach Ihnen – Sie waren ein Sieg.
Bei uns Gebrodel, Wirrnis und Gefahr,
Bei euch Verstand und Einsicht, gütig und klar,
Bei uns Tiefe, Aufruhr und Übergang,
Bei euch Lessings Festigkeit, Schillers Glühen und Klopstocks und
  Goethes Gesang.
Bei uns unablässiges Beginnen und Mühn,
Bei euch Ansatz zu Blüte und unsägliches Blühn:
Bei uns schmerzhaftes Gestalten, tragische Pflicht –
Bei euch: Vorhang auf! Nathan der Weise spricht!

Der Abdruck des Prologs von Arnold Zweig erfolgt mit freundlicher Genehmigung des Aufbau-Verlages, Berlin.

Vorwort

»Deutschland braucht Sie!«
Das schrieb in einem Brief im Jahre 1781 der bedeutende Kulturphilosoph Johann Gottfried Herder an Moses Mendelssohn, den seine Zeitgenossen den »deutschen Sokrates« nannten. Deutschland braucht Mendelssohn auch heute, gerade jetzt, wo der eitle Glauben an Wachstum und Fortschritt ins Wanken geraten ist, wo die hochgepriesenen zivilisatorischen »Errungenschaften« uns ihre beängstigende Kehrseite zuzuwenden beginnen, wo in Asien, in Afrika, im Nahen Osten Blut vergossen wird und Europa fast täglich unter Terroranschlägen bebt.

Die Welt, in der Mendelssohn lebte, war – wenn auch ohne Industrie und mit weniger Streß – nicht besser als die unsere. So charakterisierte er sie im Jahre 1762: »Wir leben in einer düsteren, schwermütigen Zeit. Freunde vergessen einander, Brüder kennen sich nicht mehr. Zu Wasser und zu Lande, vom Aufgang bis zum Niedergange ist ein Menschenwürgen. Könige gehen zu Fuß, Geldwechsler fahren mit Sechsen. Alles ist in der größten Unordnung.«

Der deutsche Sokrates hat nicht im Verborgenen gewirkt, er stellte sich seiner, der unseren so ähnlichen Zeit. Er hat nicht nur Veränderung gefordert, er hat auch Veränderung bewirkt. Immanuel Kant hat ihn den Verkünder der uneingeschränkten Gewissensfreiheit und Toleranz genannt, einer »großen, obzwar langsam bevorstehenden und fortrückenden Reform«. Wir wollen ihn der Vergessenheit entreissen. Damit unsere Zeit Kenntnis nehmen kann, wird dieses Buch,

»Selbstzeugnisse, ein Plädoyer für Gewissensfreiheit und Toleranz« herausgegeben.

In der Zunft der Geisteswissenschaftler wird der Sohn des bitterarmen jüdischen Schullehrers und Talmudschreibers Mendel als Popular-Philosoph bezeichnet, als Denker minderer Art, für den Hausgebrauch gewissermaßen. Hinter dem abfälligen Urteil von Gelehrten, welche die Unlesbarkeit ihrer Arbeiten als Qualitätssiegel betrachten, verbirgt sich gleichwohl Neid: Moses Mendelssohns Sprache ist von faszinierender Klarheit, er weiß sich für jedermann verständlich auszudrücken. Die Größten seiner Zeit haben ihn hoch gelobt. Goethe nannte ihn »einen unserer würdigsten Männer«, Kant bewunderte seine »Scharfsinnigkeit, Feinheit und Klugheit«. Und Lessing schrieb im Alter von 25 Jahren über den gleichaltrigen Mendelssohn: »Ich sehe ihn im voraus als eine Ehre seiner Nation... als einen zweiten Spinoza, dem zur völligen Gleichheit mit dem ersteren nichts als seine Irrtümer fehlen werden.« Lessing veröffentlichte Mendelssohns literarischen Erstling, die »Philosophischen Gespräche«, und führte ihn damit als deutschen Schriftsteller ein.

Der Briefwechsel im zweiten Kapitel dokumentiert die enge, ja innige Freundschaft zwischen Mendelssohn und Lessing, die Hochachtung, die einer für den anderen empfand, ihren Gedankenaustausch, der historische Früchte getragen hat.

Lessings Stern steht noch immer strahlend am Himmel: seine »Minna von Barnhelm« ist in den letzten 25 Jahren das meistgespielte Theaterstück an den deutschen Bühnen gewesen. Mendelssohns Stern verblaßte, als die romantische Kulturepoche die der Aufklärung ablöste. Daß er nie ganz versank, ist Lessing zu verdanken, dem Mendelssohn als Vorbild für die Titelgestalt seines bedeutendsten und bis heute viel aufgeführten Schauspiels, »Nathan der Weise«, diente. So lebte der deutsche Sokrates wenigstens in den Programmheften der Theater weiter.

Wird aber in den Schulen, an den Universitäten noch darüber gesprochen, daß die beiden Freunde gemeinsam ihre Zeit veränderten?

Sie waren es, die die Juden aus dem Ghetto führten. Sie trugen seine Mauern ab, Lessing von »außen«, Mendelssohn von »innen« her. Und das war der Erfolg: das am meisten verachtete, unterdrückte, diffamierte Volk der Welt hielt Einzug in die Kultur des Abendlandes und zwar nicht nur gegen den Widerstand christlicher Theologen, sondern auch gegen eifernde Rabbiner. Diese entscheidende Entwicklung brachte der geistigen Welt einen Zuwachs von hohen und höchsten Begabungen, von Heinrich Heine bis Albert Einstein, denen Deutschland im 19. und bis zum ersten Drittel des 20. Jahrhunderts seinen Ruf als Land der Wissenschaften und der Künste in hohem Grade mit zu verdanken hatte.

Das historische Datum des Beginns der gemeinsamen Kampagne der beiden Aufklärer Mendelssohn und Lessing ist der 16. September 1754. Lessing hatte, 19 Jahre alt, als eines seiner ersten Bühnenwerke das Lustspiel »Die Juden« geschrieben, in dem ein Jude christliche Reisende bei einem Überfall von Räubern rettet – eines der Stücke, mit dem die wandernde Schauspielertruppe der Neuberin durch die Lande zog. In seiner Rezension, erschienen in den »Göttingenschen gelehrten Anzeigen«, hatte der christliche Theologe Johann Michaelis die Juden als Untermenschen bezeichnet und daraus die Schlußfolgerungen gezogen, einen edlen Juden könne und dürfe es ja gar nicht geben. Lessing erwiderte dem Rezensenten mit schneidender Ironie. In seinem Schreiben vom 16. September 1754 zitierte er im vollen Wortlaut, einen Brief von Moses Mendelssohn, der darin in einem glänzenden, die gesamte Christenheit beschämenden Plädoyer für die Juden eintrat.

Damit war das öffentliche Signal zur Emanzipation der Juden gegeben und zwar nicht nur in Deutschland, sondern übergreifend auf ganz Europa. Ein Jahr nach Mendelssohns Tod, 1787, veröffentlichte Graf Mirabeau seine Schrift »Über Moses Mendelssohn und die politische Reform der Juden«, gab ein französischer Abbé »Vorschläge zugunsten der Juden« heraus. 1791 erklärte die französische Nationalversammlung die volle Gleichberechtigung der Juden. 1806 erhielten sie in Frankfurt die Bürgerrechte, vier Jahre später auch in Berlin.

Dennoch behält Kant recht, wenn er Mendelssohns Verkündung der unbeschränkten Gewissensfreiheit und der Duldsamkeit zwischen allen Religionen, allen Völkern und allen Individuen als eine »große, obzwar langsam bevorstehende und fortrückende Reform« bezeichnet. Zwei Jahrhunderte sind seitdem vergangen und was haben sie gebracht? Nicht nur Richard Wagners antisemitisches Pamphlet über »Das Judentum in der Musik«, sie brachten die Reichskristallnacht und Auschwitz. Und bis heute wird auf der Welt Haß gepredigt, sind Unterdrückung, Folter und Verfolgung an der Tagesordnung.

Müssen noch einmal 200 Jahre vergehen? Oder erweisen sich die Postulate Mendelssohns und Lessings, Schillers und vieler anderer als Utopie? Oder wird erst eine der Sintflut gleichende Katastrophe die Überlebenden zu ändern vermögen?

»Alle Völker der Erde schienen bisher von dem Wahn betört zu sein, daß sich Religion nur durch eiserne Macht erhalten, Lehren der Seligkeit nur durch unseliges Verfolgen ausbreiten und wahre Begriffe von Gott, der nach unser aller Geständnis die Liebe ist, nur durch Wirkung des Hasses mitteilen lassen« schreibt Mendelssohn 1782.

Folgerichtig stemmt er sich konsequent gegen alle, seien es führende Politiker, geistliche Würdenträger, anonyme Systeme oder fanatische Heilsbringer, die in Anspruch nehmen, allein die einzige wahre »Wahrheit« zu besitzen und diese daher missionarisch verbreiten zu müssen:

»Ist es euch um wahre Glückseligkeit zu tun, so lasset uns keine Übereinstimmung lügen, wo Mannigfaltigkeit offenbar Plan und Endzweck der Vorsehung ist... Glaubensvereinigung ist nicht Toleranz, ist der wahren Duldung gerade entgegen. Bahnet einer glücklicheren Nachkommenschaft wenigstens den Weg zu jener Höhe der Kultur, zu jener allgemeinen Menschenduldung, nach welcher die Vernunft noch immer vergebens seufzt. Belohnet und bestrafet keine Lehre, locket und bestechet zu keiner Religionsmeinung. Wer ... rechtschaffen handelt, den lasset sprechen wie er denkt, Gott anrufen nach seiner oder seiner Väter Weise und sein ewiges Heil suchen, wo er es zu finden glaubt.«

Welch eine Absage auch an die Bekehrung zum Marxismus-Leninismus, wie sie noch in allerjüngster Zeit mit Waffengewalt in der Tschechoslovakei durchgesetzt worden ist! Bei der Verteidigung seiner eigenen, der jüdischen Religion hat Mendelssohn immer wieder unterstrichen, daß sie die einzige sei, deren Lehre keinen Missionierungsbefehl, keinen Bekehrungsauftrag enthält.

Es ist den Menschen gegeben, nach einem Vorbild zu suchen, so etwa wie es einmal der Urwaldarzt Albert Schweitzer war. Heute ist weit und breit kein Vorbild mehr zu entdecken; in der zunehmenden Bedrohung durch Waffensysteme, die die gesamte Menschheit vernichten können, bleibt der einzelne Mensch allein. Erschöpft im Wettlauf um Prestige und Geldverdienen, »erholt« er sich durch immer fernere Fernreisen, konsumiert immer neue Eindrücke, ein buntes Kaleidoskop, das ihn nicht zu sich kommen läßt.

Im Unterbewußtsein ist sie jedoch noch vorhanden, die Sehnsucht nach einem großen menschlichen Vorbild, an das man sich halten könnte, einen der Güte ausstrahlt und Weisheit. Lessing kannte einen solchen, im Nathan hat er ihn der Nachwelt vorgestellt, Moses Mendelssohn.

Noch heute sind seine Signale an die Menschheit voll gültig. Aber auch in seinem äußerlich so bescheidenen Privatleben werden seine Weisheit und seine Güte exemplarisch lebendig. Auch das bezeugen viele im vorgelegten Buch enthaltene Dokumente. Moses als Freier und auf welch wunderbare Weise er seine Frau errang. Als besorgter Vater seiner acht Kinder, von denen zwei frühzeitig starben. Als Buchhalter einer Seidenmanufaktur am Schreibpult, aber auch liebenswürdiger Berater der Kundinnen bei der Auswahl unter den modischen Façons und Farben. Dann wieder als anregender Gastgeber für Freunde und Fremde, denen ein Besuch bei dem großen Weisen schon beim Eintreffen in Berlin empfohlen zu werden pflegte.

Die Kränkungen, die ihm als Juden zugefügt wurden, stehen dazu in grellem Kontrast. Er parierte sie je nachdem nachsichtig, mit Humor oder ironisch. Auf eines aber reagiert er mit Bitterkeit:

»Ich ergehe mich zuweilen des Abends mit meiner Frau und meinen Kindern. Papa, fragt die Unschuld, was ruft uns jener Bursche dort nach? Warum werfen sie mit Steinen hinter uns her? Was haben wir ihnen getan? Ja, lieber Papa, spricht ein anderes, sie verfolgen uns immer in den Straßen und schimpfen Juden! Juden! Ist denn dieses so ein Schimpf bei den Leuten, ein Jude zu sein? Und was hindert dieses andere Leute? Ach, ich schlage die Augen unter und seufze mit mir selber: Menschen! Menschen! wohin habt ihr es endlich kommen lassen?« Geschrieben in einem Brief an einen Benediktinermönch, im Jahre 1780.

Von einem anderen Vorfall berichtet David Friedländer:

»Mendelssohn ging mit Professor Engel im sogenannten Lustgarten in Berlin lustwandelnd auf und ab. Ein berauschter, seinem Dialekt nach polnischer Soldat bleibt mit in die Seite gestemmten Armen stehen und stößt die gemeinsten Pöbelworte gegen den buckligen Juden aus. Da darauf nicht geachtet wird, geht er den Männern nach und ist nach Stellung und Handbewegung im Begriff, den kleinen Mann mit wiederholten Schimpfreden am Ohrläppchen zu ziehen. Engel, der zur Rechten Mendelssohns geht, darüber empört, hebt seinen Stock auf, um den Unverschämten tätlich abzuwehren. Aber der gleichmütige Weltweise fällt ihm schnell in den Arm. »Nicht doch, Freund, lassen Sie dem unglücklichen Sklaven die Freude, einen Juden ein wenig necken zu dürfen.« Engel konnte den Vorfall nie ohne Rührung erzählen. ›Den liebreich ironischen Ton des edlen Mannes‹, setzte er hinzu, ›kann ich nicht nachmachen‹.«

Solche Szenen treffen uns um so schmerzhafter, als wir gerade erst durch Holocaust einen Schock erhielten. Weit gefehlt wäre jedoch, die Herausgabe der Dokumente als einen Akt der Wiedergutmachung anzusehen. Damit wären sie weit unterbewertet. Was geschah, ist nicht wieder »gut« zu machen. Es bleibt uns nichts übrig als, vielleicht beschämt, das Geschenk an Weisheit und Güte anzunehmen, das Mendelssohn uns anbietet.

»Sie waren der Erste, von dem ich glauben konnte, Sie würden mich verstehen oder da, wo ich mich selbst nicht verstehe, Licht hinhalten können«, schrieb ein junges (christliches) Mädchen am Heiligen Abend 1785 an Moses Mendelssohn, dem sie wenige Monate zuvor zum erstenmal begegnet war. Sie beklagt, daß in ihrem Herzen eine Leere sei, daß sie keine Worte mehr für Gebete fände, daß der öffentliche Gottesdienst sie ganz kalt lasse, daß sie oft grundlos weinen müsse. »So sieht es in meiner Seele aus, teuerster Freund ...

Ach, das Universum ist uns zu groß, wir finden Gott nicht darin ... Raten Sie mir ...« Der große weise Mann antwortet dem Mädchen sofort, am 27. Dezember – eine Woche vor seinem plötzlichen Tod: »... Meine Vernunft muß nicht spröde tun und mir die unschuldigen Vergnügen dieses Lebens verleiden wollen. Ich wähle aus den Systemen der Weltweisen immer dasjenige, was mich glücklicher und zugleich besser machen kann. Eine Philosophie die mich mißmutig gegen andere Menschen oder gegen mich selbst gleichgültig, gegen Empfindung des Guten und Schönen frostig machen will, ist nicht die meinige. Ich freue mich mit jedem Religionsgebrauch, der nicht zu Intoleranz und Menschenhaß führt, freue mich wie meine Kinder mit jeder Zeremonie, die etwas Wahres und Gutes zum Grunde hat. Ich würde Ihnen meine Übersetzung der Psalmen vorschlagen – wenn es nicht zuviel Autorschwachheit verriete.

Soviel ist gewiß, mir haben die Psalmen manche bittere Stunde versüßt, und ich bete und singe sie, so oft ich das Bedürfnis zu beten und singen bei mir verspüre.« Welche Wärme und Herzlichkeit, zugleich auch Heiterkeit und Lebensfreude strahlen diese Worte aus!

Nicht nur an die gesamte Menschheit wendet sich der deutsche Sokrates. Seine Selbstzeugnisse sind zugleich auch ein Brevier für jeden einzelnen, insbesondere für die, welche unter persönlichen Nöten und Ängsten leiden. Ein Brevier für schlaflose Nächte.

Es kam nicht auf der nostalgischen Welle herangeschwommen, es entspricht keinem modischen Trend. Rund zweihundert Jahre alt, ist es für heute, für jeden von uns Lebenden geschrieben.

Berlin, Mai 1979 *Martin Pfeideler*

Moses, das Kind des armen Juden Mendel, kannte nur eine Begierde: zu lernen

MEINE LEBENSUMSTÄNDE

Berlin, den 1. März 1774

...Meine Lebensumstände sind von so geringer Erheblichkeit, daß ich Ihren Lesern keine sonderliche Unterhaltung davon versprechen kann; mir selbst haben sie so unwichtig geschienen, daß ich nicht das Mindeste davon aufgezeichnet habe... Die Hauptfakta, auf die ich mich jetzt besinnen kann, sind ungefähr diese:

Ich bin im Jahre 1729 (den 12. Elul [5]489 nach jüdischer Zeitrechnung) zu Dessau geboren. Mein Vater war daselbst Schulmeister und Zehngebotschreiber oder Sopher. Unter Rabbi Fränkel, der damals in Dessau Oberrabbiner war, studierte ich den Talmud. Nachdem sich dieser gelehrte Rabbi durch seinen Kommentar über den hierosolymitanischen Talmud bei der jüdischen Nation großen Ruhm erworben, ward er etwa im Jahre 1743 nach Berlin berufen, wohin ich ihm noch in demselben Jahre folgte. Allhier gewann ich den Umgang mit dem nachherigen Doktor der Arzneigelehrtheit, Herrn Aron Gumpertz (der vor einigen Jahren zu Hamburg verstorben), Geschmack an den Wissenschaften, dazu ich auch von demselben einige Anleitung erhielt. Ich ward hierauf in dem Hause eines reichen Juden Informator, hernach Buchhalter, und endlich Aufseher über desselben seidene Warenmanufaktur, welches ich noch auf diese Stunde bin. In meinem drei und dreißigsten Jahr habe ich geheiratet, und seitdem sieben Kinder gezeugt, davon fünfe am Leben. Übrigens bin ich nie auf einer Universität gewesen, habe auch in meinem Leben kein Kollegium lesen hören. Dieses war eine der größten Schwierigkeiten, die ich übernommen hatte, indem ich alles durch Anstrengung und eigenen Fleiß erzwingen mußte. In der Tat trieb ich es zu weit, und habe mir endlich durch Unmäßigkeit im Studieren seit drei Jahren eine Nervenschwäche zugezogen, die mich zu aller gelehrten Beschäftigung schlechterdings unfähig macht ...

(Mendelssohn)

SCHULKNABE IN DESSAU

Am 12. Elul des Jahres 5489 zeugten der Thoraschreiber und Kinderlehrer der frommen Gemeinde Dessau Mendel und seine Ehefrau Süße (Sara) den Moscheh – Heil Euch, Ihr Eltern des Frommen! denn lieblich ist Euer Los ...

Ihr aber hört, die Ihr die Wahrheit liebt: Thoraschreiber und Kinderlehrer war der Vater des Moscheh. Ihr wißt wohl, wie niedrig und verachtet dieser Beruf ist: nur wer Zuflucht vor Hungers Plagen sucht, ergreift ihn. Weder Reichtum noch Ehre blüht diesen Männern ... Trotzdem hat dieser Vater seinen Sohn erhalten, bis er die Heimat verließ; und schickte ihn nicht fort, bis er selbst danach verlangte.

Moscheh wurde in die Schule gebracht und lernte dort wie alle jüdischen Kinder die talmudischen Gesetze über Gittin und Kidduschin, Nisak und Masik [Scheidung und Ehe, Schaden und Schadenersatz] u. dgl.: lauter Dinge also, die weit über das Fassungsvermögen der Kinder hinausgehen – lange bevor sie noch einen Satz aus der Bibel richtig lesen können. Hier ist auch eine Äußerung seines Freundes und Schülers, des Herrn David Friedländer, zu erwähnen. Oft habe er aus Mendelssohns eignem Munde gehört: selbst im Winter stand der Vater früh auf und brachte ihn nach dem Beth Hamidrasch, als er kaum sieben Jahre alt war. Den zarten und schwächlichen Knaben hüllte er in seinen Mantel und trug ihn auf dem Rücken in die Schule; es mochte wohl drei oder vier Uhr des Morgens sein, und das Kind hatte außer einem Glas heißem Tee noch nichts zu sich genommen.

Schon mit sechs Jahren lernte er aus dem Talmud und seinen Kommentaren. Aber bald erkannte er, daß nicht dies der Weg zum Wissen sei – denn es ist ja nicht möglich, den Sinn eines Satzes zu begreifen, ohne die Grammatik der Sprache zu kennen. Darum lernte er mit großem Fleiße Bibel und hebräische Grammatik. Und zwar lernte er Talmud bei seinem berühmten Lehrer Rabbi David Fränkel, dem Verfasser des Buches Korban Eda, - die Bibel aber lernte er ohne Lehrer. Einer seiner Jugendfreunde in Berlin erzählte mir später, er habe fast die ganze Bibel auswendig gekonnt. Auch gewöhnte er sich daran, ein reines Hebräisch zu schreiben; schon als Zehnjähriger verfaßte er mehrere hebräische Gedichte. Aber nach einiger Zeit prüfte er sie, und sie mißfielen ihm so sehr, daß er sich sagte: Diese Fähigkeit fehlt mir – in meiner Seele lebt nicht die Kunst des Gesanges; eher bin ich der scharf abwägenden Untersuchung fähig als des Bilderspieles der Phantasie. Und niemals im Leben hat er wieder hebräische Gedichte gemacht.

Zu dieser Zeit fiel ihm des Maimonides More Nebuchim [Führer der Verirrten] in die Hand; er fand ihn so scharfsinnig und mühte sich um ihn Tag und Nacht, bis er ihn ganz durchdrungen hatte. Darum vergaß er es ihm bis an sein Lebensende nicht, daß Maimonides die erste Quelle gewesen war, an der er seinen Wissensdurst hatte löschen dürfen.

Manchmal erzählte er scherzend im Kreise seiner Freunde: »Maimonides habe ichs zuzuschreiben, daß ich einen so verwachsenen Körper bekommen habe. Meinen Leib hat er geschädigt, denn durch ihn erkrankte ich. Aber trotzdem liebe ich ihn von Herzen; denn viele trübe Stunden meines Lebens hat er mir erhellt. Und wenn er auch, ohne es zu wollen, mir Böses zufügte, und meinen Körper schwächte, so hat er mir die Schädigung doch siebenfach vergolten, als er mir die Seele durch seine hohe Weisheit erquickte.«

Als Moscheh dreizehn Jahre alt war, ging sein Lehrer nach

Berlin. Der verlassene Schüler blieb im Hause seines Vaters zurück und wußte nicht, wie er weiter lernen sollte. Einen Hausierhandel zu beginnen, wie es die meisten unserer jüdischen Jungen nach der Barmizwah zu tun gezwungen sind – das erschien in seinen Augen wie Distel und Dorn. So bat er seinen Vater und drängte ihn sehr, ihn nach Berlin ziehen zu lassen. Endlich erlaubte er es. So ging der Knabe mit vierzehn Jahren nach Berlin.

(Euchel; aus dem Hebräischen)

Frühes Streben

Der Herr Stadtrat Friedländer sagte mir, daß Moses Mendelssohn Herrn Fränkel vor seiner Abreise aus Dessau gebeten habe, ihn mit nach Berlin zu nehmen, welches dieser aber deshalb abgelehnt, weil der Knabe kränklich und verwachsen gewesen sei. Moses Mendelssohn sei indessen am Tage der Abreise ein paar Meilen vorausgegangen, habe Herrn Fränkel am Wege erwartet und seine Bitte so beweglich wiederholt, daß dieser ihn mitgenommen habe.

(Göckingk)

Berliner Lehrjahre

Nun kam Moscheh nach Berlin und wußte nicht, wo er sein Brot finden könne. Da ging er zuerst zu seinem geliebten Lehrer Rabbi David Fränkel. Dort traf er einen vornehmen und gutherzigen Mann, Rabbi Chajim Bamberger; der gab ihm auf die Fürsprache seines Lehrers hin eine Kammer in seinem Hause und einige Freitische in der Woche.

Dort wohnte er lange, lernte Talmud bei seinem Lehrer und trieb profane Wissenschaften in seiner Kammer für sich allein. Im Hause des R. Chajim bekam er zu essen, so daß er nicht ganz verlassen war. Alle seine Bekannten liebten ihn, weil er ein glänzender Gesellschafter war; aber Niemandem verriet er das Geheimnis seiner wissenschaftlichen Bestrebungen. Fürchtete er doch den Grimm der Eiferer. Auch ließ ihn sein schüchternes Wesen keine Unterstützung im Wissen erbitten. Denn er kam sich gering vor und sagte sich: wer bin ich, daß ich jemandem zur Last fallen sollte, weil ich mir Wissen erwerben will?

So nährte er sich wahrlich mit magerer Kost. Er selbst erzählte später im Kreise der Freunde, er sei damals oft in so bedrängter Lage gewesen, daß er sich manchmal einen Laib Brot kaufte und sich Zeichen darauf machte, für wieviel Mahlzeiten das Brot reichen solle. Und dann aß er nicht, bis er satt war, sondern nur soviel er sich angezeichnet hatte...

(Euchel)

Ein Altersgenosse

Ich kam im Jahre 1746 als armer 14jähriger Knabe nach Berlin und fand Moses Mendelssohn in der Lehranstalt für den Talmud. Dieser gewann mich lieb, unterrichtete mich im Lesen und Schreiben und teilte oft mit mir sein kümmerliches Brot. Aus Dankbarkeit war ich ihm durch kleine Dienstleistungen behilflich, und so schickte er mich unter anderm irgend wohin, um ein deutsches Buch zu holen. Mit diesem Buche in der Hand begegnete mir ein jüdischer Armenverweser, der mich mit den Worten anfuhr: was hast du da? wohl gar ein deutsches Buch? Sogleich riß er mir das Buch aus der Hand und schleppte mich zum Vogt, dem er den Befehl gab, mich aus der Stadt zu weisen. Mendelssohn, der Kenntnis von meinem Schicksal erhielt, gab sich alle Mühe, meine Rückkehr zu bewirken, allein vergeblich. Er schaffte mir später eine Stelle auf der damaligen Talmudschule zu Halberstadt, und ich verdanke ihm mein zeitiges Wohl.

(Bleichröder)

Freunde und Förderer

Dr. Aaron Salomon Gumpertz und Israel Samosz waren die ersten, die den Geschmack an den Wissenschaften unter den Juden zu Berlin emporzubringen suchten. Israel Samosz war Schulmeister in Berlin, ein armer Mann, aber ein sehr trefflicher Kopf und großer Mathematiker, der durch eignes Nachdenken die wichtigsten Demonstrationen erfand, auch viel poetisches Genie zur hebräischen Poesie hatte. Er ward wie alle Reformatoren von den Juden sehr verfolgt... In seinem Alter ward er melancholisch, weil ihm die Verfolgungen zu sehr zu Herzen gingen... Israel verstand keine Sprache als Hebräisch. Er hat das Verdienst, des Dr. Gumpertz Geisteskräfte entwickelt zu haben. – Der letztere verstand die neueren Sprachen, war dabei ein reicher Mann, und hatte durch alle diese Umstände mehr Einfluß und weniger Verfolgung zu fürchten... Herr von Beausobre war von 1744 bis 1748 auf dem Joachimsthalischen Gymnasium in Berlin und war mit Gumpertz bekannt. Gumpertz besuchte daselbst ihn und andre fähige junge Leute, die über philosophische Materien zu ihrer Übung disputierten. Gumpertz nahm Moses Mendelssohn zu diesen Zusammenkünften... Moses mußte alle Kräfte seines Geistes durch eigenes Bestreben entwickeln; denn eigentlich hatte er gar keine Anweisung. Er lernte in seiner frühen Jugend auf talmudisch-scholastische Art disputieren und erlangte Fertigkeiten darin. Diese unselige Übung vermehrte den Scharfsinn, nicht aber das Nachdenken; ein Fehler, der vielleicht auch manchen deutschen spekulativen Philosophien anhangen mag... Zuerst fing Moses an, sein Nachdenken zu üben, als er Maimonides Buch More Nebuchim (Doctor Perplexorum) studierte. Hierdurch sah er das erste Licht seines Verstandes. Nun fand er einst Reinbecks »Betrachtungen über die Augsburgische Konfession« bei einem Juden, bei dem dieses Buch versetzt war. Er fand sich hier mit einem Male in einer ganz anderen Welt; denn bis dahin hatte er nicht den geringsten Begriff von der Theologie der Christen, oder von einer Philosophie, die neuer wäre als die des Maimonides. Daher zog ihn der philosophische Teil von Reinbecks Betrachtungen, z. B. die Beweise von der Existenz Gottes, mit unaufhaltsamer Gewalt an sich. Er wünschte nun mehr von der neuen Philosophie zu wissen. Er sprach darüber mit Dr. Kisch, einem jungen jüdischen Arzt aus Prag, der in Berlin studierte. Dieser zeigte ihm die Notwendigkeit, Lateinisch zu lernen, wenn er die neuere Philosophie wolle kennen lernen...

Moses war so dürftig, daß er eine ziemliche Zeit lang sparen mußte, um eine Grammatik und ein schlechtes Lexikon alt zu kaufen. Da gab ihm Kisch ungefähr ein halbes Jahr lang täglich etwa eine Viertelstunde Unterricht in der Sprache. Moses bekam auch einen alten Band, worin einige Schriften des Cicero enthalten waren, welche er der Sprache wegen zu studieren suchte, aber nicht recht verstehen konnte. Der Zufall führte ihm bei einem Verkäufer alter Bücher eine lateinische Übersetzung von Lockes Werk »Vom menschlichen Verstande« zu, welches ihm große Freude machte. Dies Werk suchte er mit unbeschreiblicher Mühe zu entziffern; er schlug jedes Wort, das er nicht verstand (und das waren die meisten), im Lexikon nach, und schrieb es auf, bis ein paar Perioden da waren. Alsdann dachte er über den Inhalt nach. Durch Nachdenken suchte er den Verstand zu erraten; und wenn er ihn gefunden zu haben glaubte, verglich er ihn wieder, so weit seine Kenntnis der Sprache reichte, mit dem Wortverstande.

Immer aber wußte er noch nichts von denjenigen Philosophen und ihren Lehrern, die zwischen Maimonides und Locke und nach dem letzteren existiert hatten. Durch Gumpertz lernte er zuerst Leibniz und Wolf kennen, deren Philosophie damals im stärksten Gange war...

Dr. Gumpertz hatte schon früh Umgang mit Lessing; und ich weiß nicht anders, als daß Moses durch seinen Freund Gumpertz im Anfange des Jahres 1754 mit Lessing bekannt wurde. Der jüngere Herr Lessing sagt im Leben seines Bruders, die Bekanntschaft desselben mit Moses wäre durch das Schachspiel entstanden, vermittels eines gewissen Isaac...

(Nicolai)

Mendelssohn und Nicolai

Beim Anfange unserer Bekanntschaft war ich Moses Mendelssohn in der Art, die Gegenstände zu betrachten, insofern etwas näher, weil er, so wie ich, einen großen Teil seiner Kenntnisse ohne mündliche Anleitung, durch eignen Fleiß erworben hatte. Er war auch, so wie ich, Kaufmann, und wir hatten daher beide verschiedene Gegenstände aus Gesichtspunkten betrachten lernen, aus welchen sie derjenige nicht ansieht, der bloß eine gelehrte Erziehung erhalten hat...

(Nicolai)

Friedrich Nicolai (1733–1811), Berliner Verleger, Buchhändler und Schriftsteller. Gab mit Mendelssohn die »Bibliothek der schönen Wissenschaften« heraus, im Text meist als »Bibliothek« bezeichnet. Ihr folgten die »Literaturbriefe«, an denen auch Lessing mitarbeitete.

Arbeitsgemeinschaft mit Lessing und Nicolai

Durch Lessing erwarb Nicolai die Bekanntschaft mit dem edlen Moses Mendelssohn, welche gleichfalls bald in die genaueste Freundschaft überging. Diese drei eng verbundenen Freunde, welche wöchentlich wenigstens zwei- oder dreimal zusammenkamen, waren sich darin gleich, daß sie in der gelehrten Welt gar keinen Stand, keine Absichten, keine Verbindungen, keine Aussichten auf Beförderung hatten oder suchten, und selbst in der bürgerlichen Welt ohne alle

Verbindung oder Bedeutung waren, auch keine verlangten ... Ihre Studien und ihre Unterhaltungen hatten nichts als bloß die Erweiterung ihrer Kenntnisse und die Schärfung ihrer Beurteilungskraft zum Zwecke ... Von allen aufgeworfenen Fragen ward beständig das Dafür und Dawider von einem oder dem anderen der Unterredenden aufgenommen, niemals aber darauf ausgegangen, einen zur Meinung des andern schlechterdings zu bekehren; sondern jeder blieb selbständig ... Lessing und Moses waren sich einander ganz gleich an freimütiger Verwerfung aller Vorurteile, beide gleich reines Herzens, gleich edelmütig, gleich frei von aller Prätension, gleich scharfsinnig im schnellen Entwickeln, im genauen Unterscheiden und deutlichen Bestimmen der Begriffe. Lessing war lebhafter beim Suchen nach Wahrheit und bot seinen Scharfsinn nicht selten auf, bloß um zu verteidigen oder zu widerlegen, was etwa noch nicht stark genug verteidigt oder widerlegt schien; Moses war bedächtiger, mit deutlicherer Rücksicht auf Resultate; Nicolai ihnen wenigstens gleich an lebhafter Wahrheitsliebe, an gutem Willen und Freimütigkeit ... alle drei waren heiteren Geistes, so daß ihre Unterhaltung oft mit Scherzen und Witzen gewürzt war, ohne daß je wechselseitige Achtung wäre vergessen worden, daher auch in vieljährigem Umgange ... nie das geringste Mißverständnis, noch weniger je ein Zank unter diesen zur beständigen Untersuchung der Wahrheit verbundenen Freunden entstand.

(Lowe)

Erstes literarisches Auftreten

In demselben Jahre 1755 gab Lessing dem Mendelssohn eine Abhandlung von Shaftesbury zu lesen. Mendelssohn gab ihm nach einiger Zeit das Buch wieder und antwortete, als Lessing ihn fragte, wie ihm das Buch gefallen habe: »Nun ja! recht gut! aber so etwas kann ich auch machen.« »So?« meinte

Lessing; »nun so machen Sie doch so etwas!« - Mendelssohn brachte ihm nach einiger Zeit ein Manuskript zum Durchlesen. Es währte mehrere Monate, ehe Lessing mit Mendelssohn darüber sprach; und als dieser ihn endlich fragte, ob er das Manuskript gelesen habe, gab Lessing ihm ein Exemplar der Philosophischen Gespräche, welche er hatte drucken lassen. So sah sich Mendelssohn überrascht, und ohne daß er es im geringsten ahnte, als deutscher Schriftsteller eingeführt. (Anekdote aus Mendelssohns Munde).

(Joseph Mendelssohn)

Philopon

Werden denn die Deutschen niemals ihren eigenen Wert erkennen? Wollen sie ewig ihr Gold für das Flittergold ihrer Nachbarn vertauschen? Sie könnten sich ja wohl damit begnügen, daß sie größere und die Franzosen artigere Philosophen unter sich haben.

Neophil

Gewiß! Leibniz, Wolf und verschiedene ihrer Nachfolger, zu welcher Vollkommenheit haben sie die Weltweisheit gebracht! Wie stolz kann Deutschland auf sie sein! Doch was hilft es, sich mehr zuzuschreiben als recht ist? Lassen Sie uns immer gestehen, daß auch ein andrer als ein Deutscher, ich setzte noch hinzu, daß auch ein andrer als ein Christ, daß Spinoza der Verbesserung der Weltweisheit großen Anteil hat...

(Mendelssohns Philosoph. Gespräche, 2)

Dieses kleine Werk, welches aus vier Gesprächen über metaphysische Wahrheiten besteht, enthält so viel Neues und Gründliches, daß man leicht sieht, es müsse die Frucht eines Mannes von mehrerem Nachdenken als Begierde zu schreiben, sein. Vielleicht würde ein andrer so viel Bücher daraus gemacht haben, als hier Gespräche sind...

(Lessing über die »Philosoph. Gespräche«)

7. September 1755

... Wollen Sie einen Unbekannten, der sehr viel Hochachtung für Ihre Einsichten hat, verbinden; so bitte ich, lesen Sie bei müßigen Stunden diese wenigen Blätter und melden Sie dem Herrn M. Lessing, an den Sie sonst nicht selten zu schreiben pflegen, Ihr Urteil darüber. Ihr Beifall wird mich erfreuen, Ihr Tadel belehren, und beide zu fernerem Nachdenken aufmuntern. So gewöhnlich und abgenutzt Ihnen dieses Autorkompliment scheinen dürfte, so ungeheuchelt muß es doch in dem Munde eines Juden sein, dessen zeitliche Umstände es erfordern, niemandem, außer sehr wenigen Freunden, für etwas mehr als einen Buchhalter bekannt zu sein.

Ich verharre mit der größten Hochachtung für Ihre Verdienste.

Dero beständiger Verehrer
Moses
(An Michaelis)

Mendelssohn und Lessing – eine Freundschaft, die die Welt veränderte

1749 schrieb der 20jährige Lessing das Lustspiel »Die Juden«, das von der wandernden Schauspielertruppe der Neuberin aufgeführt wurde. Der Held des Stückes ist ein Jude, der Räuber in die Flucht jagt, die einen vornehmen – christlichen – Reisenden überfallen. Der Göttinger Theologe Johann Michaelis unterzog das Stück in den »Göttingenschen gelehrten Anzeigen« einer gehässigen Kritik: einen edelmütigen Juden könne es ja gar nicht geben. In seiner Erwiderung an Michaelis zitiert Lessing in voller Länge einen Brief von Moses Mendelssohn.

Das Stück war das Resultat einer sehr ernsthaften Betrachtung über die schimpfliche Unterdrückung, in welcher ein Volk seufzen muß, das ein Christ, sollte ich meinen, nicht ohne eine Art von Ehrerbietung betrachten kann. Aus ihm, dachte ich, sind ehedem so viele Propheten und Helden aufgestanden, und jetzo zweifelt man, ob ein ehrlicher Mann unter ihm anzutreffen sei? ... Ich bekam also gar bald den Einfall, zu versuchen, was es für eine Wirkung haben werde, wenn man dem Volke die Tugend da zeigte, wo es sie ganz und gar nicht vermutete.

Ich muß sie [d. h. diese Anmerkungen] notwendig hersetzen, wenn ich denjenigen von meinen Lesern, denen sie nicht zu Gesichte gekommen sind, nicht undeutlich sein will. »Der Endzweck dieses Lustspiels«, hat mein Herr Gegner die Gütigkeit zu sagen, »ist eine sehr ernsthafte Sittenlehre, nämlich die Torheit und Unbilligkeit des Hasses und der Verachtung zu zeigen, womit wir den Juden meistenteils begegnen ... Bei der Lesung aber ist uns stets das Vergnügen, so wir reichlich empfunden haben, durch etwas unterbrochen worden, das wir entweder zu Hebung des Zweifels oder zu

Mendelssohns Geburtshaus in Dessau

Friedrich Nicolai (Kupferstich nach einer Zeichnung von Chodowiecki)

künftiger Verbesserung der Erdichtungen dieser Art bekannt machen wollen. Der unbekannte Reisende ist in allen Stücken so vollkommen gut, so edelmütig, so besorgt, ob er auch etwa seinem Nächsten Unrecht tun und ihn durch ungegründeten Verdacht beleidigen möchte, gebildet, daß es zwar nicht unmöglich, aber doch allzu unwahrscheinlich ist, daß unter einem Volke von den Grundsätzen, Lebensart und Erziehung, das wirklich die üble Begegnung der Christen auch zu sehr mit Feindschaft oder wenigstens mit Kaltsinnigkeit gegen die Christen erfüllen muß, ein solches edles Gemüt sich gleichsam selbst bilden könne...

Aber auch die mittelmäßige Tugend und Redlichkeit findet sich unter diesem Volke so selten, daß die wenigen Beispiele davon den Haß gegen dasselbe nicht so sehr mindern als man wünschen möchte. Bei den Grundsätzen der Sittenlehre, welche zum wenigsten der größte Teil derselben angenommen hat, ist auch eine allgemeine Redlichkeit kaum möglich, sonderlich da fast das ganze Volk von der Handlung leben muß, die mehr Gelegenheit und Versuchung zum Betruge gibt als andre Lebensarten...

Ich bin schon allmählich auf den ersten Punkt gekommen. Ist denn ein Jude, wie ich ihn angenommen habe, vor sich selbst unwahrscheinlich? Und warum ist er es? Man wird sich wieder auf die obigen Ursachen berufen. Allein, können denn diese nicht wirklich im gemeinen Leben ebensowohl wegfallen, als sie in meinem Spiele wegfallen? Freilich muß man, dieses zu glauben, die Juden näher kennen, als aus dem liederlichen Gesindel, welches auf den Jahrmärkten herumschweift...

Doch ich will lieber hier einen andern reden lassen, dem dieser Umstand näher an das Herz gehen muß; einen aus dieser Nation selbst. Ich kenne ihn zu wohl, als daß ich ihm hier das Zeugnis eines eben so witzigen als gelehrten und rechtschaffenen Mannes versagen könnte. Folgenden Brief hat er bei Gelegenheit der Göttingischen Erinnerung an einen Freund in seinem Volke, der ihm an guten Eigenschaften völlig gleich ist, geschrieben. Ich sehe es voraus, daß man es schwerlich glauben, sondern vielmehr diesen Brief für eine Erdichtung von mir halten wird; allein ich erbiete mich, denjenigen, dem daran gelegen ist, unwidersprechlich von der Authentizität desselben zu überzeugen. Hier ist er: (Der Verfasser ist Mendelssohn).

Mein Herr!
»Ich überschicke Ihnen hier das 70. Stück der Göttingischen gelehrten Anzeigen. Lesen Sie den Artikel von Berlin. Die Herren Anzeiger rezensieren den 4. Teil der Lessingschen Schriften, die wir so oft mit Vergnügen gelesen haben. Was glauben Sie wohl, daß sie an dem Lustspiele ›Die Juden‹ aussetzen? Den Hauptcharakter, welcher, wie sie sich ausdrücken, viel zu edel und viel zu großmütig ist. Das Vergnügen, sagen sie, das wir über die Schönheit eines solchen Charakters empfinden, wird durch dessen Unwahrscheinlichkeit unterbrochen, und endlich bleibt in unsrer Seele nichts als der bloße Wunsch für sein Dasein übrig. Diese Gedanken machten mich schamrot. Ich bin nicht imstande, alles auszudrücken, was sie mich haben empfinden lassen. Welche Erniedrung für unsere bedrängte Nation! Welche übertriebene Verachtung! Das gemeine Volk der Christen hat uns von jeher als den Auswurf der Natur, als Geschwüre der menschlichen Gesellschaft angesehen. Allein von gelehrten Leuten erwartete ich jederzeit eine billigere Beurteilung; von diesen vermutete ich die uneingeschränkte Billigkeit, deren Mangel uns insgemein vorgeworfen zu werden pflegt. Wie sehr habe ich mich geirrt, als ich einem jeden christlichen Schriftsteller so viel Aufrichtigkeit zutraute, als er von andern fordert.

In Wahrheit! Mit welcher Stirne kann ein Mensch, der

noch ein Gefühl der Redlichkeit in sich hat, einer ganzen Nation die Wahrscheinlichkeit absprechen, einen einzigen ehrlichen Mann aufweisen zu können? Einer Nation, aus welcher, wie sich der Verfasser der Juden ausdrückt, alle Propheten und die größesten Könige aufstanden? Ist sein grausamer Richterspruch gegründet? Welche Schande für das menschliche Geschlecht! Ungegründet? Welche Schande für ihn!

Ist es nicht genug, daß wir den bittersten Haß der Christen auf so manche grausame Art empfinden müssen; sollen auch diese Ungerechtigkeiten wider uns durch Verleumdungen gerechtfertigt werden?

Man fahre fort uns zu unterdrücken, man lasse uns beständig mitten unter freien und glückseligen Bürgern eingeschränkt leben, ja man setze uns ferner dem Spotte und der Verachtung aller Welt aus; nur die Tugend, den einzigen Trost bedrängter Seelen, die einzige Zuflucht der Verlassenen, suche man uns nicht gänzlich abzusprechen.

Jedoch man spreche sie uns ab: was gewinnen die Herren Rezensenten dabei? Ihre Kritik bleibet dennoch unverantwortlich. Eigentlich soll der Charakter des reisenden Juden (ich schäme mich, wenn ich ihn von dieser Seite betrachte) das Wunderbare, das Unerwartete in der Komödie sein. Soll nun der Charakter eines hochmütigen Bürgers, der sich zum türkischen Fürsten machen läßt, so unwahrscheinlich nicht sein, als eines Juden, der großmütig ist? Laßt einen Menschen, dem von der Verachtung der jüdischen Nation nichts bekannt ist, der Aufführung dieses Stückes beiwohnen; er wird gewiß während des ganzen Stückes für lange Weile gähnen, ob es gleich für uns sehr viele Schönheiten hat. Der Anfang wird ihn auf die traurige Betrachtung leiten, wie weit der Nationalhaß getrieben werden könne, und über das Ende wird er lachen müssen. Die guten Leute, wird er bei sich denken, haben doch endlich die große Entdeckung gemacht, daß Juden auch Menschen sind. So menschlich denkt ein Gemüt, das von Vorurteilen gereinigt ist.

Nicht, daß ich durch diese Betrachtung dem Lessingschen Schauspiele seinen Wert entziehen wollte; keineswegs! Man weiß, daß sich der Dichter überhaupt, und insbesondere, wenn er für die Schaubühne arbeitet, nur nach der unter dem Volke herrschenden Meinung zu richten habe. Nach dieser aber muß der unvermutete Charakter des Juden eine sehr rührende Wirkung auf die Zuschauer tun. Und insoweit ist ihm die ganze jüdische Nation viele Verbindlichkeit schuldig, daß er sich Mühe gibt, die Welt von einer Wahrheit zu überzeugen, die für sie von großer Wichtigkeit sein muß.

Sollte diese Rezension, diese grausame Seelenverdammung nicht aus der Feder eines Theologen geflossen sein? Diese Leute denken der christlichen Religion einen großen Vorschub zu tun, wenn sie alle Menschen, die keine Christen sind, für Meuchelmörder und Straßenräuber erklären. Ich bin weit entfernt, von der christlichen Religion so schimpflich zu denken; das wäre ohnstreitig der stärkste Beweis wider ihre Wahrhaftigkeit, wenn man sie festzustellen, alle Menschlichkeit aus den Augen setzen müßte.

Was können uns unsere strengen Beurteiler, die nicht selten ihre Urteile mit Blut versiegeln, Erhebliches vorrükken? Laufen nicht alle ihre Vorwürfe auf den unersättlichen Geiz hinaus, den sie vielleicht durch ihre eigene Schuld bei dem gemeinen jüdischen Haufen zu finden frohlocken? Man gebe ihnen diesen zu; wird es denn deswegen aufhören, wahrscheinlich zu sein, daß ein Jude einem Christen, der in räuberische Hände gefallen ist, das Leben gerettet haben sollte? Oder wenn er es getan, muß er sich notwendig das edle Vergnügen, seine Pflicht in einer so wichtigen Sache beobachtet zu haben, mit niederträchtigen Belohnungen versalzen lassen? Gewiß nicht! Zu voraus, wenn er in solchen Umständen ist, wie der Jude im Schauspiele.

Wie aber, soll diese unglaublich sein, daß unter einem Volke von solchen Grundsätzen und Erziehung ein so edles und erhabenes Gemüt sich gleichsam selbst bilden sollte? Welche Beleidigung! So ist alle unsere Sittlichkeit dahin! So regt sich in uns kein Trieb mehr für die Tugend! So ist die Natur stiefmütterlich gegen uns gewesen, als sie die edelste Gabe unter den Menschen ausgeteilt, die natürliche Liebe zum Guten! Wie weit bist du, gütiger Vater, über solche Grausamkeiten erhaben!

Wer Sie näher kennt, teuerster Freund! und Ihre Talente zu schätzen weiß, dem kann es gewiß an keinem Exempel fehlen, wie leicht sich glückliche Geister ohne Vorbild und Erziehung emporschwingen, ihre unschätzbaren Gaben ausarbeiten, Geist und Herz bessern, und sich zu dem Rang der größten Männer erheben können. Ich gebe einem jeden zu bedenken, ob Sie, großmütiger Freund! nicht die Rolle des Juden im Schauspiel übernommen hätten, wenn Sie auf Ihrer gelehrten Reise in seine Umstände gesetzt worden wären. Ja, ich würde unsere Nation erniedrigen, wenn ich fortfahren wollte, einzelne Exempel von edlen Gemütern anzuführen. Nur das Ihrige konnte ich nicht übergehen, weil es so sehr in die Augen leuchtet, und weil ich es allzu oft bewundere.

Überhaupt sind gewisse menschliche Tugenden den Juden gemeiner, als den meisten Christen. Man bedenke den gewaltigen Abscheu, den sie für eine Mordtat haben. Kein einziges Exempel wird man anführen können, daß ein Jude (ich nehme die Diebe von Profession aus) einen Menschen ermordet haben sollte. Wie leicht wird es aber nicht manchem sonst redlichen Christen, seinem Nebenmenschen für ein bloßes Schimpfwort das Leben zu rauben? Man sagt, es sei Niederträchtigkeit bei den Juden. Wohl! wenn Niederträchtigkeit Menschenblut verschont; so ist Niederträchtigkeit eine Tugend.

Wie mitleidig sind sie nicht gegen alle Menschen, wie milde

gegen die Armen beider Nationen! Und wie hart verdient das Verfahren der meisten Christen gegen ihre Armen genannt zu werden! Es ist wahr, sie treiben diese beiden Tugenden fast zu weit. Ihr Mitleiden ist allzu empfindlich und hindert beinahe die Gerechtigkeit, und ihre Mildigkeit ist beinahe Verschwendung. Allein, wenn doch Alle, die ausschweifen, auf der guten Seite ausschweiften.

Ich könnte noch vieles von ihrem Fleiße, von ihrer bewundernswürdigen Mäßigkeit, von ihrer Heiligkeit in den Ehen hinzusetzen. Doch schon ihre gesellschaftlichen Tugenden sind hinreichend genug, die Göttingischen Anzeigen zu widerlegen; und ich bedaure den, der eine so allgemeine Verurteilung ohne Schauern lesen kann. Ich bin usw.«

Nur des eingerückten Briefes wegen bin ich einigermaßen in Sorgen. Wenn einige Ausdrücke darin vorkommen sollten, die ich nicht billige, die ich aber kein Recht gehabt habe zu ändern, so bitte ich Ew. Wohlgeboren beständig auf den Verfasser zurückzusehen. Es ist wirklich ein Jude; ein Mensch von etlichen und zwanzig Jahren, welcher, ohne alle Anweisung in den Sprachen, in der Mathematik, in der Weltweisheit, in der Poesie eine große Stärke erlangt hat. Ich sehe ihn im voraus als eine Ehre seiner Nation an, wenn ihn anders seine eignen Glaubensgenossen zur Reife kommen lassen, die allzeit ein unglücklicher Verfolgungsgeist wider Leute seinesgleichen getrieben hat. Seine Redlichkeit und sein philosophischer Geist läßt mich ihn im voraus als einen zweiten Spinoza betrachten, dem zur völligen Gleichheit mit dem ersteren nichts als seine Irrtümer fehlen werden.

(Lessing an Michaelis, 16. Sept. 1754)

Briefwechsel mit Lessing

Mendelssohn an Lessing

Berlin, den 17. Febr. 1755

Mein Herr!
Wenn Ihnen diese Schrift zu ungelegener Zeit kommt, so bedenken Sie, daß ich in drei Wochen nicht auf Ihrer Stube war; daß ich unmöglich Ihren Umgang so lange entbehren kann, als Sie sich vorgenommen haben, abwesend zu bleiben. Jedoch ich begnüge mich damit, in dem Augenblicke, da ich schreibe, gleichsam eine Art von Umgang mit Ihnen gepflogen zu haben, ohne daß es nötig sei, daß Sie mir antworten. Ich erwarte nur einen spartanischen Brief, darin Sie mit großen Buchstaben Ja oder Nein schreiben sollen. Soviel Zeit werden Sie sich doch wohl nehmen? Ich frage nämlich, ob die in Vorschlag gebrachte periodische Schrift noch wirklich vor sich gehen soll, und ob ich Ihnen die Rezension der Psychologie, so Sie mir zum Durchlesen gegeben haben, überschicken kann? Sie beträgt drei und einen halben geschriebenen Bogen, und ich glaube, daß Sie so ziemlich damit zufrieden sein werden.

Werden Sie nicht bald wieder kommen, teuerster Freund? Wenn Sie es zu lange machen, so weiß ich nicht, ob ich der Versuchung widerstehen können werde, mit der Journalière auf einige Stunden zu Ihnen zu kommen. Länger wollte ich Sie gewiß nicht stören. Auch auf diese Anfrage sollen Sie nicht mehr als Ja oder Nein antworten. Ich bin beständig

Ihr Freund
Moses

Lessing an Mendelssohn

den 18. Febr. 1755

Liebster Freund!

Es ist mir recht sehr angenehm gewesen, die Versicherung von Ihnen zu erhalten, daß Sie in meiner Abwesenheit noch an mich denken. Ich habe Ihnen von einem Tage zum andern schreiben wollen; aber Sie wissen ja wohl, daß nicht alles geschieht, was ich mir vornehme. Ich wollte Ihnen meine Ursachen nach der Länge anführen, warum ich, Ihnen die Wahrheit zu gestehen, die bewußte Preisschrift mit Fleiß zurückgehalten habe. Ihr Verweigern, sich nicht dabei zu nennen, war die vornehmste. Gesetzt nun, daß wir aus dieser gelehrten Lotterie das größte Los gezogen hätten; was meinen Sie wohl, daß alsdann geschehen wäre? Sie hätten wollen verborgen bleiben, und ich hätte es müssen bleiben. Wenn sich alsdenn niemand genennt hätte, so hätten wir unsere Schrift auch nicht einmal dürfen drucken lassen...

Mendelssohn an Lessing

Berlin, den 7. Dez. 1755

Wertester Freund!

Sie mögen antworten oder nicht, so sollen Sie deswegen nicht eine einzige Zeile mehr oder weniger von mir bekommen: das merken Sie sich! Und dieses will ich mir merken, daß das menschliche Herz von der besonderen Freundschaft immer etwas nachläßt, je allgemeiner es wird. – Ich hätte nicht sollen sagen Herz: der menschliche Geist hätte sich besser geschickt; denn dieser wird wirklich bei Ihnen desto allgemeiner, je mehr Sie die gelehrte Welt auf seine Früchte warten lassen. Nun wohl, mein liebster Freund! wenn Sie Ihre Zeit besser anzuwenden entschlossen sind, als an Ihre Berlinischen Freunde zu schreiben, so müssen wir es zufrieden sein. Wenn Sie aber in der Gesellschaft der – ich weiß selbst nicht recht, wie ich es herausbringen soll; aber ich fürchte immer etwas, seitdem ich von dem Herrn v. Breitenbauch vernommen, Sie lebten allda unter den Schauspielern. Ich habe eine sehr gute Meinung von diesen Leuten; aber der beständige Umgang mit ihnen – ich will mich deutlicher erklären – der beständige Umgang mit denjenigen, welche erst in den neuern Zeiten die Freiheit erhalten haben, auf der Schaubühne zu erscheinen, macht, daß ich nicht sehr ruhig sein kann, weil ich immer besorge, Sie hätten hier ruhiger sein können, als in einer solchen geschäftigen Gesellschaft. – Verzeihen Sie meiner Kühnheit, liebster Freund! Ich kann nicht anders als freimütig sein, ob dieses gleich eben Ihr Fehler nicht zu sein scheint.

Sollte es aber wirklich nicht, ich will nur sagen, nachlässig von Ihnen sein, daß Sie uns so lange wegen Ihres Befindens, wegen Ihrer Verrichtungen, wegen Ihrer Art zu leben in Ungewißheit lassen? Nur diese Frage beantworten Sie mir, wie es Ihnen beliebt; alsdenn mögen Sie schreiben oder nicht. Sind Sie böse? höre ich Sie fragen. Ja, antwortet der Herr von Breitenbauch; so etwas, ruft Herr Müchler; bitterböse, schreit Herr Naumann, und ziemlich böse, sagt

Ihr ergebenster Freund
Moses

Mendelssohn an Lessing

Berlin, den 26. Dez. 1755

Liebster Lessing!
Nun wahrhaftig! mehr hat nicht gefehlt, als daß mir noch der Trost genommen werden sollte, an Sie zu schreiben. Mit Euch Schwindlichten ist gar nichts anzufangen. Ihr habt niemals eine bleibende Stelle; und wenn Euch denn das Quecksilber recht herumtreibt, so wünscht Ihr Euch noch wohl Glück dazu. »Ich muß zu einer glücklichen Stunde aus Berlin gereist sein«; viel Glück dazu! Reisen Sie immer! Streifen Sie die Welt durch. Lernen Sie tausend Narren kennen, um sie von

noch größern Narren auslachen zu lassen. Lernen Sie tausend Elende kennen, um noch Elendere zum Mitleiden zu bewegen. Machen Sie in Engelland Doctor Fauste, in Italien Lustspiele und in Frankreich Lieder; ich will indessen hier bleiben und vor Langeweile Ihre Schriften lesen. Der Himmel weiß es, ich habe recht wenig Muße, aber viel Langeweile. Dieses ist sehr paradox, sagen Sie? Es kann sein, indessen ist es wahr; und wenn ich Geduld genug dazu hätte, so könnte ich es Ihnen beweisen.

Wie gesagt, ich bin erstaunend ungeduldig. Ich wollte, daß mich Bernhard zum Hause hinausstieße; ich wollte, daß Sie und Ihr Herr Winkler sich sterbens verliebten (was ich in meinem vorigen Schreiben gefürchtet habe, das wünsche ich jetzt), daß Sie eifersüchtig aufeinander würden; daß Sie, mein Freund, wieder den Einfall bekämen, sich an dem Jöcherschen Wörterbuche unsterblich zu machen; daß alle Pferde die Beine zerbrächen, die Sie werden von da wegfahren sollen; oder daß Sie Gottsched zum Dichter krönen möchte, mit dem Bedinge, daß Sie seine und Schönaichs Reime zu Gedichten machen müßten. So eine kleine Beschäftigung möchte ich Ihnen gönnen; Sie sollten nicht sobald davon kommen. Jedoch genug hiervon! Ich will mich ein wenig zerstreuen. Die Übersetzung von Rousseau ist bald fertig. Noch drei Bogen sind ungefähr zu drucken. Der Schwanz ist nicht so fett, wie Sie aus Gefälligkeit glauben wollen. Ich kann in sehr wenig Stücken mit Rousseau uneins sein; und mich kann nichts mehr ärgern, als wenn ich in einer philosophischen Staatskunst erwiesen sehe, daß alles nach der Vernunft so hat sein müssen, wie es bei uns ist. Wenn Rousseau dem gesitteten Menschen nur nicht alle Moralität abspräche! Für diese bin ich allzusehr eingenommen ...

Mendelssohn an Lessing

Berlin, den 9. März 1756

Mein wertester Freund!

Ich habe Ihre Antwort auf meine beiden Briefe erhalten; und wenn Sie Ihr Versprechen gehalten hätten, so hätte ich schon vor acht oder zehn Tagen das Vergnügen gehabt, mich mit Ihnen zu unterhalten. In Wahrheit, liebster Lessing! ich durste sehr nach diesem Vergnügen. Ich habe in meinem Leben soviel Bekanntschaften nicht gemacht, als seitdem Sie von hier weg sind; und ich finde noch keinen Einzigen, mit welchem ich die wenigen müßigen Stunden, die ich habe, so angenehm und so nützlich zubringen könnte, als mit Ihnen. Wem erzähle ich aber dieses? Einem Freunde, der in wenigen Tagen fast vergessen muß, daß er Freunde in Deutschland hat; den ich fast nur deswegen habe kennengelernt, um mich von ihm wieder zu trennen, und das Leere recht zu fühlen, das sich mitten in einer herrlichen Bibliothek oft unserer Seele bemeistert! Man hat vor einigen Wochen aus Leipzig geschrieben, Sie wären schon wieder von da weg; und ich hoffte damals ganz gewiß, Sie würden auf dem Wege hierher begriffen sein.

Mendelssohn an Lessing

Mai 1756

... Werden Sie auch in einer größeren Entfernung noch an mich gedenken? Ich will es hoffen, ob mich gleich mein geringer Wert, Ihre Unstetigkeit, und die Menge der wichtigern Bekanntschaften, welche Sie in der Welt machen werden, gewissermaßen kleinmütig machen. Was wird es mir aber helfen, wenn ich Ihnen alle vier Wochen einmal durch die Gedanken laufe, wenn Sie zu verdrossen, ich will es heraussagen, wenn Sie zu faul sein sollten, mich es wissen zu lassen? Ich will in langer Zeit keinem Menschen so gut werden, als ich Ihnen bin, wenn mir Ihre Freundschaft mehr

Unruhe machen sollte, als sie mir Vergnügen verursacht hat. Sie wissen, daß dieses beinahe eine unleugbare Folge ist aus meiner Lehre von den angenehmen Empfindungen; und wenn ja noch Einwendungen dawider zu machen sind, so mag ich sie für dieses Mal nicht hören. So unphilosophisch macht mich der Gedanke, oder vielmehr die Furcht, ich werde in einigen Jahren nichts von Ihnen hören. Genug hiervon! Vielleicht werden Sie nicht ungern erfahren, daß ich diesen Sommer in meiner Lebensart die Änderung treffen werde, zu welcher Sie mir so oft geraten haben. Ich arbeite nicht länger in dem Kontor als sechs Stunden, von acht Uhr morgens bis um zwei Uhr nachmittags. Alle übrigen Stunden sind für mich; denn auch die Zeit ist für mich, in welcher ich mich beschäftigen werde, an Sie zu gedenken, in dem Geiste mit Ihnen zu reisen und mich durch Ihren Umgang zu bessern und zu belustigen. Von alten Bekanntschaften will ich mich, so gut es sich tun läßt, loszumachen suchen. Ich nehme den Herrn Prof. Sulzer und den Herrn Nicolai aus. Mit dem letztern habe ich mehr als Bekanntschaft gemacht: ich glaube, daß es mit uns schon bis zur Freundschaft gekommen ist; und der erste verdient es wirklich, daß man seinen Umgang suche. Den Herrn von Maupertuis habe ich nicht wieder besucht; und wer weiß, ob es je geschehen wird. Sie wissen, wie sehr ich die aufgetreppten Schwellen und das feierliche Anmelden scheue. Die Morgenstunden sind Ihnen gewidmet, weil diese nicht aufhören, mich an Sie zu erinnern, so lange ich nicht Gelegenheit habe, sie ebenso angenehm zuzubringen, als in Ihrer Gesellschaft; und wann werde ich diese Gelegenheit haben?...

Mendelssohn an Lessing

Berlin, den 2. August 1756

...Sie wollen, ich soll Ihnen alles schreiben, was die Neugierigkeit eines Freundes zu wissen verlangen kann; und ich werde Ihnen melden, wie ich meine Zeit zubringe, weil dieses das Vornehmste ist, das ich von Ihnen zu wissen verlange. – Ich bin der grübelnden Metaphysik auf einige Zeit ungetreu worden. Ich besuche Herrn Nicolai sehr oft in seinem Garten. (Ich liebe ihn wirklich, teuerster Freund! und ich glaube, daß unsere Freundschaft noch dabei gewinnen muß, weil ich in ihm Ihren wahren Freund liebe.) Wir lesen Gedichte; Herr Nicolai liest mir seine eigenen Ausarbeitungen vor; ich sitze auf meinem kritischen Richterstuhl, bewundere, lache, billige, tadle, bis der Abend hereinbricht. Dann denken wir noch einmal an Sie und gehen, mit unserer heutigen Verrichtung zufrieden, voneinander. Ich bekomme einen ziemlichen Ansatz zu einem bel-esprit. Wer weiß, ob ich nicht gar einst Verse mache? Madame Metaphysik mag es mir verzeihen. Sie behauptet, die Freundschaft gründe sich auf eine Gleichheit der Neigungen; und ich finde, daß sich umgekehrt die Gleichheit der Neigungen auf die Freundschaft gründen könne. Ihre und Nicolais Freunschaft hat es dahin gebracht, daß ich dieser ehrwürdigen Matrone einen Teil meiner Liebe entzogen, und ihn den schönen Wissenschaften geschenkt habe. Unser Freund hat mich sogar zum Mitarbeiter an seiner »Bibliothek« gewählt; aber ich fürchte, er wird unglücklich gewählt haben.

Lessing an Mendelssohn

Leipzig, den 1. Okt. 1756

Liebster Freund!

Ja freilich bin ich, leider, wieder in Leipzig. Dank sei dem Könige von Preußen! Wir wollten eben nach England übergehen, als wir über Hals über Kopf wieder zurückreisen mußten. Wenn wir den Winter hier bleiben (und es hat ganz das Ansehen), so komme ich auf einen oder zwei Monate, nicht nach Berlin, sondern zu meinen guten Freunden, die in Berlin sind. Ihre guten Freunde sind mir hier sehr angenehm gewesen; wie viel angenehmer würde mir es gewesen sein, wenn Sie diese Messe ausgeführt hätten, was Sie die vorige willens waren! Ich habe viel Neues von Ihnen gehört, welches mich ergötzt hat; es hat mich aber verdrossen, daß ich es nicht unmittelbar von Ihnen selbst erfahren habe. Wie hätte ich es aber erfahren können, da es Ihnen nicht gefallen hat, mir auf meine letzten Briefe zu antworten? Nicht einmal meinen Brief aus Emden haben Sie mir beantwortet. Nächstens werde ich genauere Zusammenrechnung mit Ihnen halten. Leben Sie unterdessen wohl, und grüßen Sie tausendmal von mir unsern guten Freund, den Herrn Nicolai. Ich bin zeitlebens

Ihr ergebenster Freund
Lessing

Mendelssohn an Lessing

den ... Jan. 1757

Liebster Lessing!
Ich bin mit meiner Jahrrechnung zu stande; und könnte nunmehr vollkommen ruhen und zufrieden leben, wenn ich nicht gewissermaßen für Ihre Ruhe besorgt wäre. Warum fliehen Sie diesen Ort der Unruhe, der Betrübnis und der allgemeinen Verzweiflung nicht? Kommen Sie zu uns! Wir wollen in unserm einsamen Gartenhause vergessen, daß die Leidenschaften der Menschen den Erdball verwüsten. Wie leicht wird es uns sein, die nichtswürdigen Streitigkeiten der Habsucht zu vergessen, wenn wir unsern Streit über die wichtigsten Materien, die wir schriftlich angefangen, mündlich fortsetzen werden! ...

Mendelssohn an Lessing

Januar 1757

... Leben Sie wohl, liebster Freund! und werden Sie nicht müde, mich zu bessern, so werden Sie auch nicht müde werden, mich zu lieben. Dieses sind Ihre eigenen Worte; und ich zweifle, ob Sie soviel gedacht haben als ich, wenn ich Sie versichere, daß ich Sie liebe.

Moses

Mendelssohn an Lessing

1. Juli 1757

... Herr Voß hat mir von Fabeln gesagt, deren Sie eine ganze Menge fertig haben sollen. Wir können wohl nicht hoffen, einige davon zu Gesichte zu bekommen, bevor sie im Drucke erscheinen? Ich habe es sehr oft erfahren, daß in dergleichen Dingen Ihre Freunde nicht den geringsten Vorzug haben. Vielleicht haben Sie hierin nicht ganz Unrecht. Sie lassen Ihren Witz mit der ganzen Welt buhlen, indes Ihr keusches Herz nur wahren Freunden aufbehalten ist; – eine Distinktion, daraus man ebenso leicht beweisen könnte, daß alle Frauenzimmer getreu und alle Liebhaber beständig wären.

Machen Sie wenigstens, daß Sie noch diesen Sommer herkommen. Ich habe einen überaus schönen Garten, darin Sie logieren können. Er ist von Herrn Nicolai seinem nicht weit abgelegen; und Sie können alle Bequemlichkeiten darin haben, die Sie nur wünschen. Ich komme alle Abende um 6 Uhr heraus, und werde bloß von einigen meiner Freunde begleitet, die Sie gewiß nicht stören werden. Wie angenehm könnten wir die Abende zubringen, wenn Sie sich hierzu verstehen wollten! d.h. wenn ich Ihren Eigensinn nicht kennte, der Ihre Freundschaft... der Ihren Charakter... Doch schenken Sie mir heute den Schluß dieser Periode. Ich werde einen ganzen Brief zu diesem Gedanken bestimmen müssen, weil er einen Vorwurf enthält, den ich Ihnen noch machen muß, bevor wir uns wiedersehn. Ich bin bis dahin ohne die geringste Zurückhaltung

Ihr wahrer und offenherziger Freund

Moses

Lessing an Mendelssohn

Leipzig, 6. Juli 1757

... Schreiben Sie, mein lieber Moses, soviel als Ihre gesunde Hand nur immer vermag; und glauben Sie steif und fest, daß Sie nichts Mittelmäßiges schreiben können - denn ich habe es gesagt.

Mendelssohn an Lessing

Berlin, den 4. Aug. 1757

Mein liebster Freund!

Ich werde mein langes Stillschweigen nicht entschuldigen. Ich kann an die Ursachen davon nicht ohne Verdruß gedenken; und jetzt ist die Stunde, da ich mich aller verdrießlichen Vorstellungen entschlagen will. Sie können dennoch unmöglich nachteilige Folgen daraus ziehen; denn Sie wissen, daß es meine liebste Beschäftigung ist, mich mit Ihnen zu unterhalten.

Ich hatte mein voriges Schreiben rätselhaft geschlossen, um mich in diesem deutlicher zu erklären. Ich hatte während Ihrer Abwesenheit allhier in Ihrem freundschaftlichen Umgange eine Art von Zurückhaltung bemerkt, die mich eifersüchtig machte. Sie haben öfters eigennützigen Bekannten mehr Dienstfertigkeit zugetraut, als Ihren wahren Freunden. Wie hätten Sie sich sonst entschließen können, lieber M. N. verbunden zu sein, als mir Gelegenheit zu geben, Ihnen zu dienen? Ich schweige von dem Schaden, welchen Sie sich selbst verursacht haben. Sie hätten Ihre ganze Bibliothek bei mir wiederfinden können, statt daß ich jetzt nicht mehr als einige spanische und holländische Bücher in Händen habe. - Doch genug hiervon! Ich erwarte auch hierauf keine Antwort von Ihnen, wohl aber das Versprechen, mich künftig Ihrer ganzen Freundschaft würdig zu achten.

Gotthold Ephraim Lessing (Gemälde von G. O. May)

Ernst Deutsch, einer der profiliertesten Nathan-Darsteller der Nachkriegszeit, in der Titelrolle von Lessings Schauspiel

Mendelssohn an Lessing

Berlin, den 11. Aug. 1757

... Ich habe mich noch wegen einer Anmerkung über Ihre »Miß Sara« zu rechtfertigen. Meine Worte waren: »Kenner wollen einige dergleichen Stellen in dem vortrefflichen Trauerspiele Miß Sara bemerkt haben.« Ich würde töricht sein, wenn ich mich für einen Kenner des Theaters hielte: mich, der ich in meinem Leben kaum zwei Trauerspiele von einer sehr mittelmäßigen Bande habe aufführen sehen. Indessen stimme ich doch nach dem Begriffe, welchen ich mir von der Deklamation mache, und vielleicht nach den Begriffen, welche Sie mir davon beigebracht haben, dem Urteile bei, das ich von Leuten habe fällen hören, die ich für Kenner halte ...

Mendelssohn an Lessing

Sept. 1757

Liebster Freund!
Ich habe Ihren Brief erhalten. Sogleich auf einmal kann ich für jetzt die 60 Taler nicht schicken, aber ich kann Ihnen jetzt ohne die geringste Beschwerlichkeit 30 Taler, und irgend in 4 Wochen noch 30 Taler schicken, wenn es Ihnen so gefällt. Ich würde auch heute das Geld mitgeschickt haben, wenn man nicht seit gestern den Weg von hier nach Leipzig für unsicher hielte. Seien Sie also so gütig, allda durch jemanden 30 Taler auf mich assignieren zu lassen, entweder an Herrn Voß oder sonst einen Kaufmann allhier. Ich zahle kontant; mit den übrigen 30 Talern müßte es alsdenn noch einige Wochen Anstand haben. Sie sehen, daß ich keine Bedenken trage, Ihnen dasjenige abzuschlagen, was mir beschwerlich fällt ...

Lessing an Mendelssohn

Leipzig, den 14. Sept. 1757

Liebster Freund!

Ich danke Ihnen für Ihre freundschaftliche Willfahrung. Die Assignation, die ich an Sie gestellt, werden Sie ohne Zweifel bereits erhalten haben. Schreiben Sie es sich zum Teil selbst zu, wenn sie Ihnen beschwerlich gefallen ist. Wie ich meine Handschrift darüber einrichten soll, mögen Sie mir melden; unterdessen werden Ihnen meine Briefe statt derselben dienen.

Mit der Stelle aus dem Spinoza haben Sie recht. Ein abermaliger Beweis, wie obenhin ich alles anzusehen gewohnt bin! Wenn Ihnen mehr aufstoßen sollte, was mit meiner (oder vielmehr mit Ihrer) Erklärung des Lachens einige Verwandtschaft hat, so merken Sie es ja fleißig an. Ich sammle an lächerlichen Geschichten und Einfällen; und endlich kann eine lustige, tiefsinnige Abhandlung vom Lächerlichen für die Bibliothek daraus werden.

Mendelssohn an Lessing

25. Okt. 1757

... Jedoch was haben Sie nicht schon für die Bibliothek versprochen und nicht gehalten? Wo sind Gleims Fabeln? Wo die Idyllen des Theokrit? – ich wollte sagen: Lieberkühns? Wo ist der Brief über Herrn Nicolais Beurteilung des Messias? Mein Rat wäre, Herr Nicolai schickte zum vierten Stücke nicht mehr Manuskript, als zu zehn Bogen ungefähr. Ich weiß es schon, daß Sie nicht eher arbeiten, als wenn der Druckerjunge in der Stube sitzt und darauf wartet; wir wollen Ihnen also diesen über den Hals schicken.

Bei dem unvermuteten Besuche der Österreicher war uns freilich anfangs nicht wohl zumute. Ich hielt zwar ziemliche Kontenance, indessen bin ich doch seit der Zeit zu allem ernsthaften Studieren ungeschickt gewesen. So sehr zerstreuen uns die widersprechenden Nachrichten, welche stündlich einlaufen und nunmehr uns wirklich zu interessieren anfangen. Wenn diese Umstände noch ein halbes Jahr anhalten, so komme ich ganz aus dem Gleise.

Es ist eine elende Sache mit den Prozessen! Erfordert es denn soviel Kopfbrechens, auszumachen, ob Sie Geld haben sollen oder nicht? Oder haben die Rechtsgelehrten so langsame Köpfe? Gewiß, ich hätte unterdessen vielleicht quadraturam circuli finden wollen, ehe die Leute allda erörtern, ob man sein Versprechen halten müsse oder nicht. Machen Sie, mein lieber Lessing, daß Sie bald zu uns kommen. Ich dächte, Sie könnten hier immer zu leben finden. Verschaffen Sie aber zum Besten der Bibliothek einen zweiten Lessing, der nach Ihrer Abreise die Revision besorge; denn sonst dürfte es manchmal ziemlich unordentlich gehen...

Mendelssohn an Lessing

Berlin, den 25. Nov. 1757

Geliebter Freund!
Ich kann nicht umhin, Ihnen eine Neuigkeit mitzuteilen, die Ihnen ihrer Seltenheit halber vielleicht nicht unangenehm sein wird. Ich will nunmehr für nichts in der Welt mehr schwören, da es schon soweit gekommen ist, daß ich eine Predigt schreibe und einen König lobe. Ich habe auch einige hebräische Danklieder ins Deutsche übersetzt, und sie sind gedruckt. Sie scheinen mir aber nicht wichtig genug, sie Ihnen zu schicken. Sie haben zwar den Leuten allhier gefallen; allein wie viele Leute haben hier Geschmack?...

Wissen Sie wohl auch, mein lieber Lessing, daß der Winter bald zu Ende eilt, und daß Sie uns versprochen haben, noch diesen Winter bei uns zu sein? Wir haben viel, sehr viel miteinander mündlich auszureden; und wer weiß, wieviel unverdaute Gedanken ich noch in die Bibliothek einrücken lasse, wenn ich nicht bald Gelegenheit habe, sie mit Ihnen zu überlegen. Hr. Nicolai will auch die zweite Abhandlung von dem Wesen der schönen Künste schreiben; und wenn Sie nicht unser Schiedsrichter sein werden, so kommen wir schwerlich zusammen. Kommen Sie also geschwinde zu uns! Hören Sie? Ich bin

Ihr beständiger Freund
Moses

Lessing an Mendelssohn

Leipzig im Dez. 1757

Liebster Freund!
Sie haben mir mit Ihrer Ode und Ihrer Predigt eine recht große Freude gemacht; sie sind beide recht schön: und an der ersten besonders habe ich nichts auszusetzen, als daß Sie mir sie nicht freiwillig geschickt haben und ich also mehr dem Herrn Nicolai als Ihnen dafür danken muß. Wissen Sie, daß Sie mir auch noch die Fortsetzung von Ihren Lehrgedichten schuldig sind? Ich will durchaus alle Ihre poetischen Arbeiten sehen, ob ich gleich deswegen nicht will, daß Sie mehr Zeit auf die Poesie als auf die Philosophie verwenden wollen. Denn Sie haben in der Tat recht: den schönen Wissenschaften sollte nur ein Teil unserer Jugend gehören; wir haben uns in wichtigern Dingen zu üben, ehe wir sterben. Ein Alter, der seine ganze Lebenszeit über nichts als gereimt hat, und ein Alter, der seine ganze Lebenszeit über nichts getan hat, als daß er seinen Atem in ein Holz mit Löchern gelassen; von solchen Alten zweifle ich sehr, ob sie ihre Bestimmung erreicht haben ...

Mendelssohn an Lessing

17. u. 27. Febr. 1758

Liebster Freund!
Ich habe Ihnen seit einiger Zeit nicht geschrieben, weil ich seit einiger Zeit nicht gedacht habe. Es müssen Freunde von einer

ganz andern Natur sein, die sich bloß mit Versicherungen von ihrer Freundschaft unterhalten können. Und ich hätte Ihnen wahrlich nichts anderes schreiben können, weil ich mich bei der ungesunden Luft, welche wir zeither allhier atmen, vor allem Nachdenken hüte. Mein Verstand spielt indessen einige Farcen. Ich lese die hochberühmten Essays des Abbé Trublet; der Mann gefällt, ob er gleich wenig unterrichtet. Seine »Pensées sur le bonheur, sur le plaisir und sur les désirs« verdienen gelesen zu werden. Die Franzosen sind in neuern Zeiten die besten Beobachter der menschlichen Sitten. Sie schildern die Charaktere der Menschen; und wissen manchmal verborgene Neigungen und Falten des menschlichen Herzens zu entdecken, welche dem gründlichsten Weltweisen entwischen. Sie müssen sich aber in ihren Schranken halten. Sobald sie solche verlassen und mehr als Beobachter, Weltweise werden wollen, so sollte man ihnen das Handwerk legen. Ich halte dafür, es gibt in der Sittenlehre ein Feld, das noch gar nicht angebaut ist. Dieses ist die Theorie der Charaktere. Die gemeinen Sittenlehren enthalten bloß die Beweise, wie sich die Menschen nach den Vorschriften der Vernunft verhalten sollten, wenn es ihnen gegeben wäre, diese Vorschriften in allem zu befolgen. Sollte es aber nicht möglich sein, aus den Beobachtungen der Geschichtsschreiber, der Weltweisen und der theatralischen Dichter eine allgemeine Theorie zu verfertigen, in welcher man zeigte, was aus einem jeden gegebenen Charakter in diesem oder jenem Falle fließen würde? ... Theophrast, Bruyère, Montaigne, der Zuschauer, und gewissermaßen Rochefoucault unter den Weltweisen; Tacitus, Sallust, Voltaire und andere unter den Geschichtsschreibern haben Materialien gesammelt. Die guten theatralischen Dichter müssen einen Vorrat davon gehabt haben; denn sie haben in besonderen Fällen ihre Charaktere nach der Natur entworfen. Es muß also gewisse allgemeine Wahrheiten, ein gewisses System geben, worauf sich alle diese

Beobachtungen gründen. Sollte es sich nicht der Mühe verlohnen, dasselbe zu suchen?

... Über Ihren Engländer verwundere ich mich gar nicht. Überhaupt philosophieren die Engländer nur bis auf einen gewissen Punkt, bei welchem sie stehen bleiben. Sie scheinen zu stolz zu sein, die Deutschen zu lesen, und zu bequem, selbst in das Innere der Seele zu dringen. Die Franzosen philosophieren mit dem Witze, die Engländer mit der Empfindung; und nur die Deutschen haben kaltes Blut genug, mit dem Verstande zu philosophieren...

Lessing an Mendelssohn

Breslau, den 7. Dez. 1760

Bester Freund!

Ich reiste mit allem Bedacht aus Berlin, ohne von Ihnen Abschied zu nehmen, weil ich mich nicht der Gefahr aussetzen wollte, die Torheit meines Entschlusses auf einmal in ihrem völligen Lichte zu sehen. Die Reue wird ohnedem nicht außen bleiben, eine so gänzliche Veränderung meiner Lebensart in der bloßen Absicht, mein sogenanntes Glück zu machen, vorgenommen zu haben. Wie nahe ich dieser Reue bereits bin, weiß ich eigentlich selbst nicht. Denn noch bin ich in Breslau nicht zu mir selbst gekommen...

Unsere ersten Briefe sind sehr trocken. Wir müssen einander fleißiger und mehr, und angenehmere Dinge schreiben. Sie gehn auf Ihrem Pfade ungehindert fort. Verlieren Sie mich ja nicht ganz aus den Augen; lassen Sie mich ja an allen Ihren Beschäftigungen noch ferner den Anteil nehmen, den ich zu meinem großen Nutzen bisher daran genommen habe. Das wird das einzige Mittel sein, wenn ich nicht ganz in Nichtswürdigkeiten versinken soll...

Mendelssohn an Lessing

Berlin, den 19. Dez. 1760

Bester Freund!
Ich lebe seit Ihrer Abwesenheit, mitten in dieser großen Stadt wie in einer Einsiedelei. Herr Nicolai hat seitdem beständig mit der Herrlichkeit seiner Hochzeit zu tun gehabt. Noch hat er Ihren Brief nicht einmal gelesen; denn schicken mochte ich ihn ihm nicht, und ihn zu besuchen, finde ich vor der Hand noch bedenklich, solange alles in seinem Hause noch voller Geigen ist. Bedenken Sie, wie wenig er jetzt bei sich selber sein muß, da er in der Tat tausend Kleinigkeiten zu besorgen hat: er, den eine einzige Kleinigkeit schon beinahe alles freundschaftlichen Umganges unfähig macht. Wir wollen sehen, ob Nicolai der Ehemann sich besser wird zu fassen wissen, als Nicolai der Liebhaber; vielleicht hat ihn die Liebe nur so zerstreut. – Was meinen Aufenthalt noch einsamer macht, ist, daß Herr Bloch, an dessen Gesellschaft ich mich gewöhnt hatte, auf die hohe Schule nach Frankfurt gereist ist. Wenn nicht zum Glücke auch Herr Neugebauer verreist wäre, so wäre es gar nicht auszuhalten.

Schreiben Sie mir ja fleißig, mein lieber Freund! damit ich wenigstens des einzigen Vergnügens nicht beraubt werde, das mir noch übrig ist. Melden Sie mir, ob Sie einige Mußen haben, oder ob Sie mehr Geschäfte vorgefunden, als man Ihnen vorgestellt hat. Ich besorge das letztere, und bin um Ihre Zufriedenheit sehr bekümmert. Wen die Liebe zu den Musen so gefesselt hat wie Sie, der sieht sich nicht ohne den äußersten Verdruß auf einmal ihres Umgangs beraubt...

Mein zweites Schreiben ist, wie Sie sehen, ebenso trocken wie das erste. Doch in unsern mündlichen Unterredungen ist es jederzeit Ihr Amt gewesen, die nützlichern Materien aufs Tapet zu bringen, in dem Wettlauf den ersten Schritt zu tun, und mich zum Nachdenken aufzumuntern. Tun Sie dieses immer auch in unsern schriftlichen Unterhaltungen. Mein

Geist ist ohne alle Bewegung, wenn Sie nicht seine Triebfedern aufziehen. Fangen Sie von einer Materie an, von welcher Sie wollen: ich folge Ihnen mit Vergnügen.

Mein Phädon* liegt immer noch in den Gedanken. Sobald die Briefe aufhören mir zur Last zu liegen, werde ich fürs erste die zweite Ausgabe meiner kleinen Schriften besorgen, und sodann zur Ausarbeitung dieser Abhandlung schreiten. Leben Sie wohl, mein teuerster und bester Lessing! und schreiben Sie mir, sooft es Ihre Geschäfte zulassen.

Ich bin Ihr beständiger Freund

Moses

Mendelssohn an Lessing

27. März 1761

Wertester Freund!

Vor einigen Tagen reiste Herr Joel, aus Breslau kommend, hier durch nach Potsdam. »Keinen Brief an mich, mein Herr Joel?« – »Nein! Der Herr Sekretär Lessing läßt Sie grüßen, er hat einige Tage vor meiner Abreise erst an Sie geschrieben, sonst würde er mir einen Brief mitgegeben haben.« – »Wissen Sie das gewiß, mein lieber Mann?« »Ich glaube es wenigstens«. – »Gut, was Herr Sekretär Lessing sagt und der Jude Joel glaubt, credat Judaeus Apella.« [»Das mag der Jude Apella glauben!« Horaz, Sat. I, 9]. Derselbe Mann hat mir noch eine andere Nachricht mitgeteilt, nämlich: daß Sie sehr zufrieden lebten, und die Muße, welche Ihnen Ihre Geschäfte

* »Phädon oder über die Unsterblichkeit der Seele in drey Gesprächen von Moses Mendelssohn« erschien im Jahr 1767 bei Friedrich Nicolai, Berlin und Stettin. Es ist Mendelssohns Hauptwerk, das rasch eine Auflage nach der anderen erlebte und in alle europäischen Sprachen übersetzt wurde. Es brachte dem Verfasser den Titel eines »modernen Plato« und eines »deutschen Sokrates«. Zu den begeisterten Lesern zählten Kant, Goethe und Herder.

lassen, noch immer den Wissenschaften widmeten. Ich will nicht hoffen, daß diese ebenso erlogen sein soll als jene? Doch wenn auch Herr Joel nichts als gelogen hätte, so bin ich nichtsdestoweniger

Ihr wahrhaftiger und unveränderlicher Freund und Diener

Moses

LESSING AN MENDELSSOHN

30. März 1761

Ach, liebster Freund, Joel ist ein Lügner! Ihnen gestehe ich es am allerungernsten, daß ich bisher nichts weniger als zufrieden gewesen bin. Ich muß es Ihnen aber gestehen, weil es die einzige Ursache ist, warum ich solange nicht an Sie geschrieben habe. Nicht wahr, nur ein einziges Mal habe ich von hier aus an Sie geschrieben? Wetten Sie kühnlich darauf, daß ich also auch nur ein einziges Mal recht zu mir selbst gekommen bin.

Nein, das hätte ich mir nicht vorgestellt! Aus diesem Tone klagen alle Narren. Ich hätte mir es vorstellen sollen und können, daß unbedeutende Beschäftigungen mehr ermüden müßten als das anstrengendste Studieren; daß in dem Zirkel, in welchen ich mich hineinzaubern lassen, erlogene Vergnügen, und Zerstreuungen über Zerstreuungen die stumpfgewordene Seele zerrütten würden; daß -

Ach bester Freund, Ihr Lessing ist verloren! In Jahr und Tag werden Sie ihn nicht mehr kennen; er sich selbst nicht mehr! O meine Zeit, mein alles, was ich habe, - sie so, ich weiß nicht was für Absichten aufzuopfern! Hundertmal habe ich schon den Einfall gehabt, mich mit Gewalt aus dieser Verbindung zu reißen. Doch kann man einen unbesonnenen Streich mit dem andern wieder gutmachen?

Aber vielleicht habe ich heute nur einen so finstern Tag, an welchem sich mir nichts in seinem wahren Lichte zeigt.

Morgen schreibe ich Ihnen vielleicht heiterer. O schreiben Sie mir doch ja recht oft! Aber mehr als bloße Vorwürfe über mein Stillschweigen. Ihre Briefe sind für mich ein wahres Almosen. Und wollen Sie Almosen nur der Vergeltung wegen erteilen?

Leben Sie wohl, mein liebster Freund! Die erste gute Stunde, die mir mein Mißvergnügen läßt, ist ganz gewiß Ihre. Ich sehe ihr mit alle dem unruhigen Verlangen entgegen, mit welchem ein Schwärmer himmlische Erscheinungen erwartet.

Lessing

Während Lessing 1761 als Sekretär des Generals Tauentzien in Breslau war, warteten seine Freunde vergeblich auf Beantwortung ihrer Briefe; man erzählte, Lessing führe dort ein wüstes Leben und spiele viel mit den jungen Offizieren. Da sandte ihm Mendelssohn ein Exemplar seiner eben erschienenen Philosophischen Schriften, dem er folgende Zueignung hatte vordrucken lassen.

An einen seltsamen Menschen

Die Schriftsteller, die das Publikum anbeten, beklagen sich, es sei eine taube Gottheit, es ließe sich verehren und anflehen, man rufe vom Morgen bis zum Abend, aber da sei keine Stimme noch Antwort. Ich lege meine Blätter zu den Füßen eines Götzen nieder, der den Eigensinn hat, ebenso harthörig zu sein; ich habe gerufen und er antwortet nicht. Jetzt verklage ich ihn vor dem tauben Richter, dem Publikum, das sehr oft gerechte Urteile fällt ohne zu hören. Die Spötter sagen: Rufe laut, er dichtet oder hat zu schaffen, oder ist über Feld, oder schläft vielleicht – daß er erwache! O nein! Dichten kann er, aber leider will er nicht. - Zum Schlafen ist sein Geist zu munter und zu Geschäften zu lässig. Sonst war sein Ernst das Orakel der Weisen und sein Spott eine Rute auf dem Rücken der Toren; aber jetzt ist das Orakel verstummt und die Narren trotzen ungezüchtiget. Er hat seine Geißel anderen übergeben, aber sie streichen zu sanft, sie fürchten Blut zu sehen. Und Er?

Wenn er nicht hört, nicht spricht, nicht fühlt
Noch sieht – was tut er denn? - Er spielt.

Lessing an Mendelssohn

Breslau, den 17. April 1763

... Wenn ich endlich einmal Zeit bekomme, liebster Freund, Ihnen meine Anmerkungen über Ihre Philosophischen Schriften mitzuteilen, so können Sie leicht glauben, daß ich mich auch des seltsamen Menschen darin annehmen werde ...

Mendelssohn an Lessing

Mai 1763

... Tristram Shandy ist ein meisterhaftes Original. Vor der Hand habe ich zwar nicht mehr als die beiden ersten Bändchen gelesen. Anfangs machte mich das Buch ungemein verdrießlich. Ich schwärmte von Digression zu Digression, ohne die rechte Laune des Verfassers zu saisieren. Ich hielt ihn für einen Mann wie unsern Liscov, an dem ich, wie Sie wissen, keinen sonderlichen Geschmack finde; und gleichwohl gefällt das Buch Lessingen! Des Pfarrers Reitpferd erregte zuerst meine Neugierde. Endlich folgte Vetter Tobias, Korporal Trim und Doktor Slop, die vortreffliche Predigt über das Gewissen. Da bat ich um Verzeihung.

Als mir Shandy noch nicht gefiel, legte ich ihn aus der Hand und las den philosophum αυτοδιδακτον. Ich bin Ihnen sehr für die Mitteilung dieses Werkchens verbunden, mein Freund. Es war mir überaus angenehm, die Denkungsart und das ganze System unserer hebräischen Weltweisen in diesem Araber wiederzufinden. O was für Schritte hat die Weltweisheit seit der Zeit des Verfassers getan! Nichts als die Lehre von Gott war zu seiner Zeit gebildet. Seine Begriffe von der Welt, von der Seele und seine ganze Moral sind höchst elend.

Jedoch die Zeit kann unmöglich an dieser Unwissenheit schuld sein; denn Plato und Aristoteles hatten schon weit geläutertere Begriffe. Vielleicht die Religion –; Sie wissen, was diese für Wirkungen hervorbringt, wenn sie enthusiastisch wird. Wenn man mit dem Kopfe solange der Sonne nachahmt, bis man den Schwindel bekommt, so ist er eben nicht sehr zur Philosophie aufgelegt.

Soweit liegt der Brief schon seit acht Tagen fertig, und die Zeit hat es nicht zulassen wollen, ihn eher zu endigen. Ich habe unterdessen den dritten und vierten Band von Tristram Shandy gelesen. Er ist nicht nur ein größrer Maler als Voltaire, sondern seine Fabel hat das vorzügliche Verdienst vor dem »Candide« voraus, daß sie sittlich gut ist. Ich bin sonst kein Freund vom Burlesken; aber ich weiß auch wenig Beispiele, wo das Burleske so unterrichtend gewesen wäre, wo die Karikaturen so wahr, die Sitten nebst ihrem Possierlichen so edel - Doch Sie erlassen es mir ebensowohl gern, Ihnen meine Lektion aufzusagen.

Ich komme zu Ihrem zweiten Schreiben durch Herrn Kuh. Was? Logiken, Predigten und Entwürfe zu Schaumünzen hätte ich Ihnen schicken sollen? Meine Logik habe ich, wie Sie Ihre Kleinigkeiten, jemandem geschenkt, der die Schande auf sich genommen hat, sie unter seinem Namen bekanntzumachen. Wie ich in den Schafstall hineingekommen sein mag, weiß ich selbst nicht mehr. Indessen habe ich doch eine Predigt zur Welt gebracht, über welcher Doktor Slop wohl hätte einschlafen und Vetter Toby sein lillabulero noch zweimal so laut pfeifen mögen …

Lessing an Mendelssohn

9. Jan. 1771

… Doch ich besorge es nicht erst seit gestern, daß, indem ich gewisse Vorurteile weggeworfen, ich ein wenig zuviel mit weggeworfen habe, was ich werde wiederholen müssen. Daß ich es zum Teil nicht schon getan, daran hat mich nur die Furcht verhindert, nach und nach den ganzen Unrat wieder in das Haus zu schleppen. Es ist unendlich schwer zu wissen, wenn und wo man bleiben soll; und Tausenden für einen ist das Ziel ihres Nachdenkens die Stelle, wo sie des Nachdenkens müde geworden...

...Aber was ist das für ein neuer Angriff, der in den Jenaischen Zeitungen von Lavatern auf Sie geschehen? Ich lese diese Zeitung nicht und habe sie auch in ganz Braunschweig nicht auftreiben können. Haben Sie doch ja die Güte, mir das Blatt mit der ersten Post zu senden. Noch mehr aber bitte ich Sie, wenn Sie darauf antworten, es mit aller möglichen Freiheit, mit allem nur ersinnlichen Nachdrucke zu tun. Sie allein dürfen und können in dieser Sache so sprechen und schreiben; und sind daher unendlich glücklicher als andere ehrliche Leute, die den Umsturz des abscheulichsten Gebäudes von Unsinn nicht anders, als unter dem Vorwande, es neu zu unterbauen, befördern können.

MENDELSSOHN AN LESSING

Braunschweig, den 16. Juli 1773

Liebster Freund!

Soeben kommen wir allhier an. Morgen ist Sonnabend, da kann ich also nicht zu Ihnen kommen. Wenn mein Reisegefährte eilt, so reise ich den Sonntag wieder von hier ab, nach Pyrmont, ohne Sie gesehen zu haben. Ist es Ihnen eine Möglichkeit, so kommen Sie, der Sie keinen Sabbath zu feiern haben, zu mir herüber; oder weil von Möglichkeiten die Rede ist: vielleicht können Sie es möglich machen, daß Sie mit uns nach Pyrmont reisen. Ich gehe mit Herrn Zacharias Veitel Ephraim, den Sie kennen müssen, da hin. Wir haben einen sehr bequemen viersitzigen Wagen, also ist Raum für noch zwei Personen. Hier ist auch ein Brief von Ihrem Bruder, der sich recht wohl befindet. Wenn es Ihnen beschwerlich sein sollte, morgen herüberzukommen, so berede ich meinen Ephraim doch wohl noch, auf den Sonntag mit mir nach Wolfenbüttel zu reisen.

Leben Sie bis dahin wohl! Ich bin

Ihr aufrichtiger Freund
Moses Mendelssohn

Mendelssohn an Lessing

Hannover, den 3. Nov. 1777

Liebster Freund!

Ich bin dem Vergnügen, Sie zu sehen, so nahe gewesen; und kränke mich jetzt, daß ich mich habe nach Hannover bringen lassen, ohne Sie gesehen zu haben. Mein Vorsatz war, mich allhier etwa 8–10 Tage aufzuhalten und meine Rückreise über Wolfenbüttel zu nehmen. Billett von Muzelstosch und Brief und Blumenschachtel nahm ich mit Bedacht mit; die Papiere, um sie Ihnen persönlich zu überreichen, und die Blumen, um mir bei Madame eine Empfehlung auszusparen, die sonst ein unbekanntes bärtiges Gesicht weniger freundlich aufgenommen haben würde. Aber wie es den frommen Wünschen auf Erden zu gehen pflegt: wenn sie auch erfüllt werden sollen, so werden sie wenigstens sehr lange, für den Wünschenden mehrenteils tödlich lange, verschoben. Ich werde mich allhier wer weiß wie lange aufhalten, und vor Langerweile umkommen müssen. Hierbei erhalten Sie ihre Briefe, Madame ihre Schachtel. Bevor ich von hier abreise, werde ich das Vergnügen haben, Ihnen nochmals zu schreiben, um Sie wenigstens bei meiner Durchreise durch Wolfenbüttel nicht zu verfehlen. Leben Sie wohl!

Moses Mendelssohn

Mendelssohn an Lessing

Hannover, den 11. Nov. 1777

Bester Freund!

Ich komme ganz unfehlbar zu Ihnen nach Wolfenbüttel, ob ich gleich den Tag noch nicht bestimmen kann, wann dies geschehen wird. Sicherlich soll mich kein Geschäft davon abhalten; denn in der Tat ist mir keines so dringend, als die Begierde, Sie zu sehen und mich mit Ihnen zu unterhalten. Sie scheinen mir jetzt in einer ruhigen, zufriedenen Lage zu sein, die mit meiner Denkungsart unendlich besser harmoniert, als jene geistreiche, aber auch etwas bittere Laune, die ich an Ihnen vor einigen Jahren bemerkt zu haben glaubte. Ich war nicht stark genug, das Aufbrausen dieser Laune niederzuschlagen; aber ich habe herzlichst gewünscht, daß es Zeit und Umstände, und Ihre eigene Vernunft tun möchten. Mich dünkt, – und alles was ich von Ihnen höre und sehe, bestätigt mich in diesem angenehmen Dünken – mich dünkt, mein Wunsch sei nunmehr erfüllt. Ich muß Sie in dieser bessern Lage Ihres Gemüts notwendig sprechen, wäre es auch nur, um mich zu belehren, was am meisten zu dieser Besänftigung beigetragen habe: die Frau oder die Freimaurerei? Bessere Vernunft oder reifere Jahre?

Ihre Gespräche über die Freimaurerei habe ich mit sehr vielem Vergnügen gelesen. Nicht daß sie etwa meinen Vorwitz gestillt hätten. Ich bin einesteils dieses Unholdes schon lange quitt. Ich bin überzeugt: was Menschen Menschen verheimlichen, ist selten des Nachforschens wert. Andernteils wissen Sie am besten, daß Ihre Gespräche gar nicht danach eingerichtet sind, die Neugier zu befriedigen. Was sie aber bei mir bewirkt haben, sind billigere Begriffe von einem Institut, das mir seit einiger Zeit fast verächtlich zu werden angefangen. Man kann sich schwerlich enthalten, die Untaten der Kirche auf Rechnung der Religion zu setzen.

Wenn Sie aber sagen, Sie wären ein Freimaurer, wie Sie ein

Christ sind; so muß ich gestehen, daß ich gerade das Gegenteil behaupten möchte. Sie sind ein Freimaurer, wie Sie nicht wollen, daß man ein Christ sein soll... Recht in dem Tone der Heterodoxen lösen Sie den Zauber auf, welcher die Sinne blendet; erklären alles fein menschlich und irdisch, was den Rechtgläubigen in den dritten Himmel entzückt; predigen Rechtschaffenheit, sagen, Sokrates sei ein Christ gewesen, ohne es selbst gewußt zu haben: und behaupten in Gottes Namen: außer dem Christentume gebe es keinen ehrlichen Mann.

Im Ernst sollte ich fast glauben, Ihre vortreffliche Idee »von der Nutzbarkeit des Instituts« verdiente dem Publikum durch Taten, aber nicht durch Wort und Schrift, geoffenbart zu werden...

Gespräch über Freimaurer

Als Moses Mendelssohn Lessingen auf seiner Rückreise von Hannover in Wolfenbüttel besuchte, fragte er ihn:

»Sie sind auch, wie ich gehört habe, Freimaurer geworden? Ist das wahr, Freund?«

Lessing: »O ja, lieber Moses, wohl bin ich's geworden!«

Moses: »Nun?«

Lessing: »Was nun? Nun soll ich offenbaren? Nicht? Aber das darf ich nicht, kann ich wahrlich nicht. – Ich habe geschworen –«

Moses: »Sie scherzen, lieber Lessing. Glauben Sie wirklich, mein unschuldiges Nun, das doch auch einen andern Sinn haben kann, ginge dahin, Ihnen die Geheimnisse des Ordens zu entlocken? Das sei fern! – Aber wie? Von früher Jugend suchen wir die Wahrheit; seit unsrer Bekanntschaft suchen wir sie gemeinschaftlich, mit aller Anstrengung, mit aller Treue, mit welcher sie gesucht sein will. Und nun könnte es Wahrheiten geben, die Lessing seinem fünfundzwanzigjährigen Freunde nicht zu offenbaren geschworen – feierlich geschworen? Und ich sollte diese Wahrheiten zu wissen nicht neugierig sein können? Sind es aber nicht Wahrheiten, die der Orden seinen Jüngern mitteilt, so werden Sie noch viel mehr gestehen, daß ich -«

Lessing lachte herzlich über Moses Eifer, und sagte: »Hören Sie auf, lieber Moses, da habe ich meinen Orden für nichts und wieder nichts kompromittiert.«

(K. G. Lessing)

In der Bibliothek von Wolfenbüttel

Moses Mendelssohn, der ihn [Lessing] zu Wolfenbüttel im Oktober eben dieses Jahres besuchte, gratulierte ihm zu seiner Entdeckung, mit den Worten, daß er sie ihm nicht beneide. Dies schien Lessing in dem Sinne zu nehmen, als wenn sein Freund über seine Beschäftigung lächle. Freilich pflegte Moses oft seine Freunde zu fragen, wenn sie etwas vornahmen oder vornehmen wollten: Wird dadurch die Kenntnis der Menschen berichtiget oder vermehret? Das Nachdenken gestärkt? Und der Weg zur Glückseligkeit gebahnter und sicherer? Einen Zweck muß doch die Arbeit haben.

... Lessing führte, wie leicht zu ermessen ist, Moses in die Bibliothek, und wollte ihn nun mit allen ihren Seltenheiten bekanntmachen. Aber der Verfasser des Phädon war, als er hereintrat, wie vor Verwunderung versteinert, und rief nach einer Pause aus: Welche erstaunliche Menge von Büchern, und wie wenig weiß man! Dem Bibliothekar mochte diese Betrachtung wohl nicht willkommener sein als dem Lustwandler der Kirchhof; aber der Freund erkannte daran seinen Philosophen, zumal da er noch hinzusetzte: ich bin zu Ihnen nicht darum, sondern um Ihretwillen gekommen. Nur Ihre Meinungen will ich wissen, nicht was in diesen schönen Särgen ist.

(K. G. Lessing)

Lessings Abschied

Wolfenbüttel, den 19. Dez. 1780

Liebster Freund!

Der Reisende, den Sie mir vor einiger Zeit zuschickten, war ein neugieriger Reisender. Der, mit dem ich Ihnen jetzt antworte, ist ein emigrierender. Diese Klasse von Reisenden findet sich unter Yoricks Klassen nun zwar nicht; und unter diesen wäre nur der unglückliche und unschuldige Reisende, der hier allenfalls paßte. Doch warum nicht lieber eine neue Klasse gemacht, als sich mit einer beholfen, die eine so unschickliche Benennung hat? Denn es ist nicht wahr, daß der Unglückliche ganz unschuldig ist. An Klugheit hat er es wohl immer fehlen lassen.

Eigentlich heißt er Alexander Daveson, dieser Emigrant; und daß ihm unsere Leute, auf Verhetzung der Ihrigen, sehr häßlich mitgespielt haben, das kann ich ihm bezeugen. Er will von Ihnen nichts, lieber Moses, als daß Sie ihm den kürzesten und sichersten Weg nach dem europäischen Lande vorschlagen, wo es weder Christen noch Juden gibt. Ich verliere ihn ungern; aber sobald er glücklich da angelangt ist, bin ich der erste, der ihm folgt.

An dem Briefchen, das mir Dr. Flies damals von Ihnen mitbrachte, kaue und nutsche ich noch. Das saftige Wort ist hier das edelste. Und wahrlich, lieber Freund, ich brauche so ein Briefchen von Zeit zu Zeit sehr nötig, wenn ich nicht ganz mißmutig werden soll. Ich glaube nicht, daß Sie mich als einen Menschen kennen, der nach Lobe heißhungrig ist. Aber die Kälte, mit der die Welt gewissen Leuten zu bezeugen pflegt, daß sie ihr auch gar nichts recht machen, ist, wenn nicht tötend, doch erstarrend. Daß Ihnen nicht alles gefallen, was ich seit einiger Zeit geschrieben, das wundert mich gar nicht. Ihnen hätte gar nichts gefallen müssen; denn für Sie war nichts geschrieben. Höchstens hat Sie die Zurückerinnerung an unsere bessern Tage noch etwa bei der und jener Stelle täuschen können. Auch ich war damals ein gesundes, schlankes Bäumchen; und bin jetzt ein so fauler, knorrichter Stamm! Ach, lieber Freund! Diese Szene ist aus! Gern möchte ich Sie freilich noch einmal sprechen!

Lessing

Mendelssohn über Lessings letzte Jahre

Nun dünkt mich, Freund, daß eben diese Lehre [i. e. daß man »Gottes Regierung und Vorsehung in den allerkleinsten Begebenheiten nicht verkennen ... Gott also mehr in Naturbegebenheiten als in Wunderdingen verehren müsse«] von keinem Schriftsteller auf der einen Seite mit mehrerer Überzeugung und Darstellung in einzelnen Fällen, auf der andern Seite mit mehr Inbrunst und frommer Begeisterung vorgetragen worden sei als von unserm unsterblichen Lessing. Erinnern wir uns nur jener vortrefflichen Szenen seines dramatischen Lehrgedichtes, in welchen er die wahre Lehre von der Vorsehung und Regierung Gottes, sowie das Schädliche in der Vorstellungsart, nach welcher man immer nach Wunderdingen ausgehet, um den Finger der Gottheit zu erkennen, mit aller Deutlichkeit des didaktischen Weltweisen und zugleich mit aller Energie des theatralischen Dichters bis zur Augenscheinlichkeit dargestellt hat. Eine Verbindung, die nur einem Lessing, wiewohl vielleicht auch diesem nur in unserer Muttersprache, möglich gewesen. Nur unsere Muttersprache scheint diese Art von Ausbildung erlangt zu haben, daß sich die Sprache der Vernunft in derselben mit der lebendigsten Darstellung verbinden läßt.

Es kommt mir vor, sagte ich, als wenn Lessing die Absicht gehabt hätte, in seinem Nathan* eine Art von Anticandide zu

* »Nathan der Weise«. Dieses Schauspiel schrieb Lessing 1780, ein Jahr vor seinem Tod. Die Uraufführung fand am 14. April 1783 in Berlin statt. Vorbild für die Titelfigur war Moses Mendelssohn

schreiben. Der französische Autor sammelte alle Kräfte seines Witzes ... mit einem Worte: strengte alle außerordentlichen Talente, die ihm die Vorsehung gegeben, an, um auf diese Vorsehung selbst eine Satire zu verfertigen. Der Deutsche tat eben dieses, um sie zu rechtfertigen und um sie den Augen der Sterblichen in ihrer reinsten Verklärung zu zeigen...

Und eben dieses herrliche Lobgedicht auf die Vorsehung, eben diese selige Bemühung, die Wege Gottes vor den Menschen zu rechtfertigen, wie teuer ist sie nicht unserm unsterblichen Freunde geworden! Ach! Sie hat ihm seine letzten Tage verbittert, wo nicht gar am Ende sein kostbares Leben abgekürzet. Bei der Herausgabe der Fragmente war er darauf gefaßt, den ganzen Schwarm von Schriftstellern über sich herfallen zu sehen, die mit und ohne Beruf die Fragmente würden widerlegen wollen, und er hielt sich für stark genug, seinen Gast wider alle ungezogene Angriffe seiner Gegner zu verteidigen ... Am Ende blieb es, so lebhaft er den Streit auch führte, bloß ein Schulgezänke, das von der einen und der andern Seite manche angenehme und auch unangenehme Stunden machen, aber so wie er dachte, auf die Glückseligkeit des Lebens keinen wesentlichen Einfluß haben sollte. Aber wie sehr veränderte sich die Szene nach der Erscheinung des Nathan. Nunmehr drang die Kabale aus den Studierstuben

---

– eine Tatsache, die zwar nicht expressis verbis belegt ist, aber allein schon aus dem Briefwechsel der beiden Freunde überzeugend hervorgeht.

Der »Nathan« hat bisher 200 Jahre überdauert. Nur in den Jahren von 1933 bis 1945 war er aus den Spielplänen der deutschen Theater verbannt. Doch schon am 16. September 1945 wurde er wieder gespielt. Der bewegendste Nathan der Nachkriegszeit wurde von Ernst Deutsch verkörpert. Die Beliebtheit von Lessings Theaterstück bei Erwachsenen und Jugendlichen nimmt derzeit von Jahr zu Jahr zu.

und Buchläden in die Privathäuser seiner Freunde und Bekannten mit ein; flüsterte jedem ins Ohr: Lessing habe das Christentum beschimpft, ob er gleich nur einigen Christen und höchstens der Christenheit einige Vorwürfe zu machen gewagt hatte. Im Grunde gereicht sein Nathan, wie wir uns gestehen müssen, der Christenheit zur wahren Ehre. Auf welcher hohen Stufe der Aufklärung und Bildung muß ein Volk stehen, in welchem sich ein Mann zu dieser Höhe der Gesinnungen hinaufschwingen, zu dieser feinen Kenntnis göttlicher und menschlicher Dinge ausbilden konnte? Wenigstens dünkt mich, so wird die Nachwelt denken müssen; aber so dachten sie nicht, die Zeitgenossen Lessings. Jeden Vorwurf des Eigendünkels und der einseitigen Denkungsart, den er einigen seiner Glaubensbrüder machte, oder durch seine dramatischen Personen machen ließ, hielt ein jeder für eine persönliche Beleidigung, die ihm von Lessing widerfahren. Der allenthalben willkommene Freund und Bekannte fand nunmehr allenthalben trockene Gesichter, zurückhaltende frostige Blicke, kalte Bewillkommnung und frohe Abschiede, sah sich von Freunden und Bekannten verlassen und allen Nachstellungen seiner Verfolger bloßgestellt. Sonderbar! Unter den abergläubigsten Franzosen hatte Candide für Voltaire bei weitem die schlimmen Folgen nicht, zog ihm diese Schmähschrift auf die Vorsehung bei weitem die Feindschaft nicht zu, die sich unter den aufgeklärtesten Deutschen Lessing durch die Verteidigung derselben, durch seinen Nathan zugezogen, und traurig sind die Wirkungen, die dieses in seinem Gemüte hervorbrachte! Lessing, der aller seiner gelehrten Arbeiten ungeachtet, immer noch der angenehmste Gesellschafter, der fröhlichste Tischfreund gewesen, verlor nunmehr seine jovialische Laune völlig, ward zu einer schläfrigen gefühllosen Maschine. – Halten Sie ein, Freund! fiel ich ihm hier ins Wort, verschonen Sie mich mit dieser melancholischen Erinnerung! – Schon recht, sagte er.

Sie ist trostlos, diese melancholische Erinnerung... Ich wollte nur anführen, was Lessing für die Wahrheiten der Vernunftreligion getan und gelitten, und was für Verdienste er sich um alle Freunde und Bekenner derselben erworben...

LESSINGS TOD

Berlin, den 8. Mai 1781

... Was ich Ihnen noch zu sagen habe, gehet bloß mich an. Mich beschäftigt jetzt der einzige Gedanke: Lessings Tod. Er macht mich nicht traurig, nicht tiefsinnig; aber er ist mir immer gegenwärtig wie das Bild einer Geliebten. Ich schlafe mit ihm ein, träume von ihm, wache mit ihm auf und danke der Vorsehung für die Wohltat, die sie mir erzeigt hat, daß ich diesen Mann so frühzeitig habe kennen lernen, und daß ich seinen freundschaftlichen Umgang so lange genossen habe. Die Welt kennt seinen schriftstellerischen Wert; wenige aber kennen seinen freundschaftlichen Wert; ja ich finde, daß sein moralischer Wert überhaupt von vielen sogar mißkannt werde... Soviel scheint mir indessen außer allem Zweifel zu sein: Wenn irgendein Mensch besser war als er sich in seinen Schriften zu erkennen gab, so war es Lessing...

(Mendelssohn an Hennings)

Februar 1781

Nicht ein Wort, mein Bester! von unserm Verluste, von der großen Niederlage, die unser Herz erlitten! Das Andenken des Mannes, welchen wir verloren, ist mir jetzt zu heilig, um es durch Klagen zu entweihen. Es erscheint mir nunmehr in einem Lichte, das Ruhe und erquickende Heiterkeit auf die Gegenstände verbreitet. Nein! Ich rechne nicht mehr, was ich durch seinen Hintritt verloren. Mit gerührtem Herzen danke ich der Vorsehung für die Wohltat, daß sie mich so früh in der Blüte meiner Jugend hat einen Mann kennen lassen, der meine Seele gebildet hat, den ich bei jeder Handlung, welche ich vorhatte, bei jeder Zeile, welche ich hinschreiben sollte, mir als Freund und Richter vorstellte, und den ich mir zu allen Zeiten noch als Freund und Richter vorstellen werde, so oft ich einen Schritt von Wichtigkeit zu tun habe. Wenn sich in diese Betrachtung noch etwas Melancholisches mit einmischt, so ist es vielleicht die Reue, daß ich seine Führung nicht genügend benutzt habe, daß ich nicht geizig genug war nach seinem lehrreichen Umgange, daß ich manche Stunde vernachlässigte, in der ich mich mit ihm hätte unterhalten können. Ach, seine Unterhaltung war eine ergiebige Quelle, aus welcher man unaufhörlich neue Ideen des Guten und Schönen schöpfen konnte, die er wie gemeines Wasser von sich sprudelte, zu jedermanns Gebrauch. Die Milde, mit welcher er seine Einsichten mitteilte, setzte mich zuweilen in Gefahr, das Verdienst zu verkennen: denn sie schien ihn in keine Unkosten zu setzen; und zuweilen schob er sie den meinigen so mit unter, daß ich sie nicht mehr unterscheiden konnte. Überhaupt war seine Mildtätigkeit hierin nicht von der engherzigen Art mancher Reichen, die es fühlen lassen, daß sie Almosen ausspenden; sondern er spornte den Fleiß an, und ließ verdienen, was er gab.

Alles wohlüberlegt, mein Liebster! ist Ihr Bruder grade zur rechten Zeit abgegangen; nicht nur in dem Plane des Weltalls zur rechten Zeit: denn da geschieht eigentlich nichts zur Unzeit; sondern auch in unserer engen Sphäre, die kaum eine Spanne zum Durchmesser hat, zur rechten Zeit. Fontenelle sagt von Kopernikus: er machte sein neues System bekannt und starb. Der Biograph Ihres Bruders wird mit eben dem Anstande sagen können: er schrieb Nathan den Weisen und starb. Von einem Werke des Geistes, das ebenso sehr über Nathan hervorragte, als dieses Stück in meinen Augen über alles, was er bis dahin geschrieben, kann ich mir keinen Begriff machen. Er konnte nicht höher steigen, ohne in eine Region zu kommen, die sich unsern sinnlichen Augen völlig entzieht; und dies tat er. Nun stehen wir da wie die Jünger des Propheten und staunen den Ort an, wo er in die Höhe fuhr und verschwand. Noch einige Wochen vor seinem Hintritte hatte ich Gelegenheit, ihm zu schreiben: er solle sich nicht wundern, daß der große Haufe seiner Zeitgenossen das Verdienst dieses Werkes verkenne; eine bessere Nachwelt werde noch fünfzig Jahre nach seinem Tode daran lange Zeit zu kauen und zu verdauen finden. Er ist in der Tat mehr als ein Menschenalter seinem Jahrhundert zuvorgeeilt.

Moses Mendelssohn

(An K. G. Lessing)

Mendelssohn als Freier, Gatte und Vater – Als Buchhalter am Schreibpult – Als Taschenspieler in Potsdam – In Dresden verzollt wie ein Ochse

Berlin, den 27. Febr. 1758

Liebster Freund!

Ein guter Buchhalter ist gewiß ein seltenes Geschöpf. Er verdient die größte Belohnung; denn er muß Verstand, Witz und Empfindung ablegen, und ein Klotz werden, um richtig Buch zu führen. Verdient ein solches Opfer zum Besten der Finanzen nicht die größte Belohnung?

Wie ich heute auf diesen Einfall komme, fragen Sie? Sie können es wohl unmöglich erraten, daß mir des Herrn v. Kleist neue Gedichte dazu Anlaß gegeben haben. Ich ließ sie mir des Morgens um acht Uhr kommen. Ich wollte unserem lieben Nicolai eine unvermutete Freude damit machen, und sie mit ihm durchlesen. Allein ich ward verhindert – die ungestümen Leute! Was bringt Er, mein Freund? Und Sie, Gevatterin? Und Er, Geselle? Lassen Sie mich heute, ich kann nicht. »Sie haben ja nicht irgend Feiertage?« – Das wohl eigentlich nicht, aber ich bin krank. Es verschlägt Ihnen ja nichts. Kommen Sie morgen wieder. Diese Leute waren gefällig, allein mein Prinzipal war es nicht. Ich bekam Arbeit bis gegen Mittag. Ich las indessen unter der Arbeit hier und da ein Fleckchen; und da merkte ich es, wie schwer es ist, Empfindungen zu haben und ein Buchhalter zu sein. Ich fing an, in Handlungssachen schön zu denken und machte in meine Bücher eine von den Schönheiten, die man von einer Ode zu rühmen pflegt. Ich verwünschte meinen Stand, schickte die Gedichte unserem Esquire, der von seinen Geldern lebt, ha, nicht ohne Neid! und ward verdrießlich ...

(Mendelssohn an Lessing)

Ich erinnere mich, daß Mendelssohn zu sagen pflegte, daß er ohne die Mühseligkeit des Seidenladens und des Buchhaltens die Seligkeit des Philosophierens nie so innigst gekostet hätte.

(Scheffner)

Wie Mendelssohn die Fromet gewann

Moses Mendelssohn war im Bade Pyrmont. Hier lernte er den Kaufmann Gugenheim aus Hamburg kennen. »Rabbi Moses«, sagte dieser eines Tages, »wir alle verehren Sie, aber am meisten verehrt Sie meine Tochter. – Mir wäre es das höchste Glück, Sie zum Eidam zu haben; besuchen Sie uns doch einmal in Hamburg.«

Moses Mendelssohn war sehr schüchtern, denn er war traurig verwachsen. Endlich entschloß er sich von Berlin aus zur Reise und besuchte unterwegs Lessing in Braunschweig, wie in dessen Briefen zu lesen.

Mendelssohn kommt nach Hamburg und besucht Gugenheim in seinem Kontor. Dieser sagt: »Gehen Sie hinauf zu meiner Tochter, sie wird sich freuen, Sie zu sehen, ich habe viel von Ihnen erzählt.«

Mendelssohn besucht die Tochter; anderntags kommt er zu Gugenheim und fragt endlich, was die Tochter, die ein gar anmutiges Wesen sei, von ihm gesagt habe.

»Ja, verehrter Rabbi«, sagt Gugenheim, »soll ich's Ihnen ehrlich sagen?«

»Natürlich!«

»Nun, Sie sind ein Philosoph, ein Weiser, ein großer Mann, Sie werden es dem Kinde nicht übelnehmen; sie hat gesagt, sie wäre erschrocken, wie sie Sie gesehen hat, weil sie –«

»Weil ich einen Buckel habe?«

Gugenheim nickte.

»Ich habe es mir gedacht, ich will aber doch bei Ihrer Tochter Abschied nehmen.«

Er ging hierauf in die Wohnung und setzte sich zu der Tochter, die nähte. Sie sprachen gut und schön miteinander, aber das Mädchen sah nicht von ihrer Arbeit auf, vermied, Mendelssohn anzusehen. Endlich, da dieser das Gespräch geschickt so gewendet, fragt sie:

»Glauben Sie auch, daß die Ehen im Himmel geschlossen werden?«

»Gewiß, und mir ist noch was Besonderes geschehen. Bei der Geburt eines Kindes wird im Himmel ausgerufen: Der und der bekommt die und die. Wie ich nun geboren wurde, wird mir auch meine Frau ausgerufen, aber dabei heißt es: Sie wird, leider Gottes, einen Buckel haben, einen schrecklichen. Lieber Gott, habe ich da gesagt, ein Mädchen, das verwachsen ist, wird gar leicht bitter und hart, ein Mädchen soll schön sein, lieber Gott, gib mir den Buckel, und laß das Mädchen schlank gewachsen und wohlgefällig sein.«

Kaum hat Moses Mendelssohn das gesagt, als ihm das Mädchen um den Hals fiel – und sie ward seine Frau, und sie wurden glücklich miteinander und hatten schöne und brave Kinder, von denen noch Nachkommen leben.

(Berthold Auerbach)

Brautstand und Heirat

Mendelssohn an Lessing

Berlin, Mitte Mai 1761

Liebster Freund!

Unser Briefwechsel ist lange genug unterbrochen gewesen. Ich muß ihn nunmehr erneuern. Ich würde nimmermehr solange haben schweigen können, wenn ich nicht eine Reise nach Hamburg getan hätte, die mich in tausend Zerstreuungen verwickelt hat. Ich habe das Theater besucht, ich habe Gelehrte kennen lernen; und was Sie nicht wenig befremden wird: ich habe die Torheit begangen, mich in meinem dreißigsten Jahre zu verlieben. Sie lachen? Immerhin! Wer weiß, was Ihnen noch begegnen kann? Vielleicht ist das dreißigste Jahr das gefährlichste, und Sie haben dieses ja noch nicht erreicht. Das Frauenzimmer, das ich zu heiraten willens bin, hat kein Vermögen, ist weder schön noch gelehrt; und gleichwohl bin ich verliebter Geck so sehr von ihr eingenommen, daß ich glaube, glücklich mit ihr leben zu können. An Unterhalt, hoffe ich, soll es mir nicht fehlen; und an Muße zum Studieren werde ich es mir gewiß nicht fehlen lassen. Zum Hochzeitskarmen sollen Sie noch ein ganzes Jahr Zeit haben, aber alsdann muß Ihre reimfaule Muse die staubige Leier wieder ergreifen; denn wie könnte ich unbesungen Hochzeit machen? – Soviel von meinen häuslichen Angelegenheiten, die Sie vielleicht wenig interessieren, aber doch zu meiner Entschuldigung dienen...

Mendelssohn an Fromet Gugenheim

Berlin, den 16. Juni 1761

Liebste Mamsell Braut!
Ich sollte billig heute den vertrauten Ton beiseite lassen und Ihnen in den üblichen hochtrabenden Worten zu unserer vollzogenen Verlobung untertänigst meine Gratulation hinauswürgen. Allein das ist mir unmöglich. Ich liebe Sie zu sehr, als daß ich sollte so fremd, so feierlich tun können, und Ihre Gesinnungen von dieser Seite sind mir allzu bekannt. Doch ein Kompliment muß ich noch machen. Ich begleite hiermit, allerteuerste Freundin! einige geringfügige Kleinigkeiten, die Sie zum Andenken meiner aufrichtigen Liebe an Ihren unvergleichlichen Finger gütigst anzustecken belieben werden. War dies Kompliment nach der Mode? – Ich zweifle sehr, denn es ist ja so leicht zu verstehen. – Nun so lassen Sie mich immer nach meiner Weise schreiben und die Komplimente geschickteren Leuten überlassen, die wie unser braver

R. Jospha Schmalkalden so schreiben können, daß sie kein Mensch in der Welt versteht...

Daß Sie den Shaftesbury mehr als einmal lesen, ist mir sehr angenehm... Ich werde Ihnen nächstens andere nützliche Schriften zu lesen schicken. Heute bin ich zum Bücherlesen zu ungeduldig; denn meine Gedanken sind mehr zu Hamburg als zu Berlin. In der Tat, was hat die Seele mit dem Körper zu tun? Kann der Körper nicht zu Berlin und die Seele zu Hamburg sein? – Lachen Sie nicht, Herr Doktor, über meine verliebte Philosophie! Glauben Sie, daß wir Philosophen alle eine seltsame Figur machen, wenn wir verliebt tun wollen. Und also bleibt es dabei, daß meine Seele zu Hamburg ist... Leben Sie wohl, liebste Fromet, und erinnern sich beständig, daß mein Geist in Ihrer Stube herumschwärmt. Ich verharre Ihr unveränderlicher Verehrer und Freund

Moses

Mendelssohn an Fromet Gugenheim

Berlin, den 28. Juli 1761

Allerliebste Fromet!

Ich habe in Ihres Vaters Schreiben eine Entdeckung gemacht, die mich nicht wenig vergnügt. Der gute Mann versichert mich, seine Tochter Fromet sei ebenso schön wie tugendhaft. Was meinen Sie? Man kann das einem ehrlichen Manne auf sein Wort glauben? Der gute Herr Abraham Gugenheim muß doch wissen, daß die Philosophen auch gern was Schönes haben. Doch das mag er mir verzeihen. Ich kenne seine Fromet besser als er. Sie ist schön, aber so schön nicht als sie tugendhaft ist, so schön nicht, als sie zärtlich ist. Ich beneide Sie, liebste Fromet! um die glückliche Art, wie Sie Ihre sanfte Liebe auszudrücken wissen. Ihre kleinsten Briefe sind voller Zärtlichkeit, voller Empfindungen. Die Sprache des Herzens ist Ihre natürliche Sprache und Ihre edlen Gesinnungen vertreten die Stelle des frostigen Witzes, dadurch andere ihre Briefe so häßlich entstellen. Fahren Sie nur fort, liebste und zärtliche Fromet! mich mit Ihren liebenswürdigen Briefen zu vergnügen. Ich merke, daß es mir fast unmöglich wird, einen Posttag nicht zu schreiben oder einen Posttag ohne Ihre Briefe vergnügt zu sein, und was ist der Mensch, wenn er nicht vergnügt ist? Nein, solange wir uns getrennt sehen müssen, wollen wir uns sooft als möglich Gelegenheit geben, aneinander zu denken. Es macht mir kein geringes Vergnügen, wenn ich denken kann, jetzt liest Fromet meine Briefe, jetzt schreibt Fromet an mich, jetzt ist sie verdrießlich, daß sie gestört wird und jetzt freut sie sich, daß ihr ein Ausdruck gelungen. Sie lachen, mein Herr Doktor? Und werfen mir vielleicht abermals vor, ich sei verliebt? Nun ja, ich gestehe es. Habe ich denn nicht jede Zeit danach gestrebt, Ihnen nachzuahmen?

Adieu, meine Liebe! Grüßen Sie mir Ihre Freundin, die mich mit einem Schreiben beehrt, das ihrer Denkungsart Ehre macht.

In inniger Liebe Ihr

Moses Dessau

MENDELSSOHN AN FROMET GUGENHEIM

Berlin, am Mittwoch, den 10. Nov. 1761

Liebste Fromet!

Wie ich von Reb Salmen Emmerich vernehme, übertreiben Sie den Fleiß im Lesen sehr und machen beinahe einen Mißbrauch davon. Dieses kann ich durchaus nicht billigen. Was wollen Sie damit anfangen? Gelehrt werden? Davor behüte Sie Gott! Eine mäßige Lektüre kleidet das Frauenzimmer, aber keine Gelehrsamkeit. Ein Mädchen, das sich die Augen rot gelesen, verdient ausgelacht zu werden. Sie, meine liebste Fromet! müssen nicht eher zu den Büchern Ihre Zuflucht nehmen, als in zweierlei Fällen: wenn Ihr Gemüt

Ergötzung fordert und sie in gesellschaftlichem Umgang nicht findet, das ist eines; und zweitens, wenn Ihr Herz in dem Vorsatz zum Guten Bestärkung nötig hat. Wider eine von diesen Krankheiten hilft die Medizin, aber zuviel Medizin verdirbt den Magen...

Leben Sie wohl, liebste Fromet! und wenn Sie durchaus fleißig sein wollen, so werfen Sie die Bücher weg...

MENDELSSOHN AN FROMET GUGENHEIM

Freitag, 9. März 1762 (Purim)

Liebste Fromet!
Alle Menschen beschenken sich heute, und ich habe Dir nichts zu schenken; aber ein Histörchen will ich Dir erzählen. Einst kam zum weisen Sokrates ein Schüler und sprach: Mein lieber Sokrates! Wer mit Dir umgeht, bringt Dir was zum Geschenk. Ich habe Dir nichts zu schenken als mich selbst, sei so gut und verschmähe mich nicht. Wie, sprach der weise Mann, achtest Du Dich so gering, daß Du mich bittest Dich anzunehmen? Nun gut! Ich will Dir einen Rat geben: bemühe Dich, so gut zu werden, daß Deine Person das angenehmste Geschenk werden mag. – Mein Geschichtchen ist aus. Auch ich, meine liebe Fromet, will mich bemühen, so gut zu werden, daß Sie sagen sollen, ich könnte Ihnen nichts Besseres schenken, als Ihren aufrichtigen

Moses

MENDELSSOHN AN FROMET GUGENHEIM

Berlin, Freitag 26. März 1762

Liebste Fromet!
Mit aller Hochachtung von einer Mademoiselle Braut gesprochen: Sie lügen! Ich habe Sie nicht ohne Briefe gelassen, und wenn Sie böse sein wollen, so seien Sie über den Postträger böse.

Und nunmehro habe ich Ihnen eine Neuigkeit zu melden.

Gestern ist unser Niederlassungsrecht mit Gottes Hilfe akkordiert worden. Nunmehr sind Sie so gut wie Herr Moses Wessely ein preußischer Untertan und müssen die preußische Partei ergreifen. Sie werden also auf gut preußisch alles glauben, was zu unserm Vorteil ist. Die Russen, die Türken, die Amerikaner stehen uns alle zu Dienst und warten nur auf unsern Wink. Unsere Münze wird noch besser als Banko, die ganze Welt wird Sicherheit in Berlin suchen, und unsere Börse wird berühmt sein vom Schloßplatz bis an unser Haus. Dieses Alles müssen Sie glauben, denn Sie haben Niederlassungsrecht in Berlin.

Die Wahrheit aber ist, daß der Hof noch so bald nicht wieder kommen dürfte. Wegen des Friedens mit Rußland haben wir guten Grund zu vermuten, daß solcher bereits geschlossen sei; doch hat man noch keine Gewißheit. Daß Sie sollten von dort flüchten müssen, glaube ich nicht. Denn die Märchen, die sich die politische Welt hier ins Ohr erzählt, haben gar zu wenig Grund...

Ich schmiere immer weg und merke nicht, daß es spät wird. Lebe wohl! Ich bin Ihr aufrichtiger

Moses

Mendelssohn an Lessing

Mai 1763

...Und leider! diese Zerstreuungen dauern zum Teil noch immer fort. Ich habe zwar nach meiner Denkungsart glücklich geheiratet. Über meine Umstände habe ich gottlob! auch nicht zu klagen. Aber die Geschäfte! die lästigen Geschäfte! sie drücken mich zu Boden, und verzehren die Kräfte meiner besten Jahre. Wie ein Lastesel schleiche ich mit beschwertem Rücken meine Lebenszeit hindurch; und zum Unglück sagt mir die Eigenliebe oft ins Ohr, daß mich die Natur vielleicht zum Paradepferd geschaffen hat. Was ist zu tun, mein lieber Freund? Wir wollen uns einander bedauern,

Moses Mendelssohn (Porträt von Anton Graff)

Fromet Mendelssohn

und zufrieden sein. So lange die Liebe zu den Wissenschaften bei uns nicht erkaltet, haben wir noch eine gute Hoffnung. Eilen Sie nur bald in meine Arme, Freund! Ihr Umgang allein kann mir das verlorene Feuer wiedergeben, kann mich zu Gedanken erheben, die meiner Bestimmung würdig sind. Sie glauben es nicht, wie unschmackhaft mir aller Umgang geworden, seitdem ich den Ihren entbehren muß...

Häusliches Leben

13. Jan. 1769

... Moses Mendelssohn traf ich das erste Mal in dem Kontor, wo er Buchhalter ist, umringt von einer Menge gemeinerer Kaufleute, Wechsler und Schacherer, unter welchen ich den Philosophen sogleich auf den ersten Blick heraus fand. Er unterhielt mich nach der höflichsten Aufnahme einige Zeit, ich überreichte ihm meine Dissertation (sit venia verbo), er nahm sie mit beschämenden Komplimenten an, versicherte mich aber zugleich, daß bereits ein Exemplar davon auf seinem Schreibtische läge, indem er sich dieselbe auf Veranlassung der Göttingischen Rezension hätte aus Halle kommen lassen. Was er hinzusetzte, war dann wohl zureichend, mich gegen zehn bremische Rezensionen gleichgültig zu machen. Er bat mich auf den folgenden Tag zu sich. Kaum war ich bei ihm angelangt, so erschien Herr Nicolai, der jüngere Herr Lessing, der Prediger Eberhard, ein sehr feiner Kopf, und da war auch von drei bis sieben Uhr nicht der geringste Stillstand im Diskurse. Wie es über eine gewisse Partei herging, können Sie leicht erraten. Moses ist bei seiner großen Gelehrsamkeit und Scharfsinn zugleich der scherzhafteste Mann, der Mann von dem edelsten Charakter und der angenehmste Gesellschafter... Um sieben Uhr gingen wir bei Moses zu Tische, und dieses war die Epoche der Galanterie. Er hat eine sehr artige Frau und besonders eine erwachsene Nièce, deren ganzes Betragen und Ansehen bei ihrer Schönheit es zu verraten scheint, daß sie sich bei dem Philosophen von Deutschland gebildet hat...

(Schütz)

FREITAGABEND

Es war ein Freitag, am Nachmittage, als wir mit Berliner Gelehrten bei Mendelssohn zum Besuche waren und mit Kaffee usw. bewirtet wurden. Mendelssohn, immer der freundliche Gesellschafter und feine Hauswirt, stand etwa eine volle Stunde vor Sonnenuntergang von seinem Sitze auf, trat auf uns zu und sagte: »Meine Damen und Herren! ich gehe nur in mein Nebenzimmer, um meinen Sabbath zu empfangen und bin dann gleich wieder in Ihrer Mitte; unterdes wird meine Frau Ihre Gegenwart um so mehr genießen.« Mit einem unnennbaren heiligen Gefühle begleiteten unsere Blicke den liebenswürdigen Philosophen in seine Andachtsstube, von wo er nach einer halben Stunde mit derselben Freundlichkeit zu uns zurückkehrte. Indem er sich niedersetzte, sagte er zu seiner Frau: »Jetzt bin ich wieder in meinem Amte, und ich will es nun auch einmal versuchen, an deiner Stelle die Honneurs zu machen, da dich Geschäfte abrufen; unsere Freunde werden dich entschuldigen.« Die brave Hausfrau, streng religiös, empfahl sich, ging zur Familie, weihte den Sabbath durch Lichtanzünden ein, und kam erst spät wieder in die Gesellschaft. Wir blieben noch einige Stunden beisammen...

(Campe)

Kinder und ihre Zukunft

Der Ehe Mendelssohns entsprossen neun Kinder; drei starben früh, den Vater überlebten drei Söhne: Joseph, Abraham (Vater Felix Mendelssohns), Nathan und drei Töchter: Brendel (später Dorothea), Recha (Reikl) und Henriette.

Mendelssohn an Abbt

Berlin, den 1. Mai 1764

Einige häusliche Zufälle haben mich zeither so erschüttert, daß ich zu meiner angenehmsten Beschäftigung, an meine Freunde zu schreiben, nicht einmal Lust hatte. Der Tod hat an meine Hütte gepocht und mir ein Kind geraubt, das nur elf unschuldige Monate, aber diese gottlob! munter und unter hoffnungsvollen Versprechungen, auf Erden gelebt hat. Mein Freund, die Unschuldige hat die elf Monate nicht vergebens gelebt. Ihr Geist hat in dieser kurzen Zeit erstaunliche Progressen gemacht. Von einem Tierchen, das weint und schläft, ist sie der Keim eines vernünftigen Geschöpfs geworden. Wie die Spitzen des jungen Grases im Frühlinge durch den harten Erdboden dringen, so sah man bei ihr die ersten Leidenschaften anbrechen. Sie zeigte Mitleiden, Haß, Liebe, Bewunderung, verstand die Sprache des redenden Menschen, und war bemüht, ihre Gedanken anderen zu erkennen zu geben...

Fromet an Mendelssohn

Berlin, am Freitag, den 18. Juli 1777

Lieber Moses!

Ich hoffe, daß Dich mein Schreiben munter und vergnügt in Königsberg antreffen wird; wir befinden uns Gott sei Dank alle munter und gesund, und wenn Du diese Versicherung öfter von mir hörst, so wirst Du auch wohl munter und vergnügt auf Deiner Reise sein. Neuigkeiten sind hier noch wenig passiert, außer daß Madame Flissen von einem Töchterchen entbunden worden ist, steht noch alles auf dem gleichen Fuß wie Du Berlin verlassen hast. Ich muß Dir also, um Dir etwas zu sagen, ein Journal machen, wie meine Zeit hingeht. Den Abend wie Du mich verlassen hast, da war mir nun alles nicht recht, ich zankte mich mit einem Jeden im Haus herum, bis endlich Meir Warburg gelaufen kam und

Abschied von Dir nehmen wollte; wie ich ihm sagte, daß Du schon fort bist, da hättest Du die Miene vom dicken Meir sehen sollen. Er stand wie eine Säule vor mir und tat so ängstlich, daß ich lachen mußte. Endlich durch vieles Bitten, daß er sich doch finden sollte, bat ich ihn zu mir zu Tische; nachdem er endlich ein paar Stücke Fisch genommen hatte, ließ das Erstaunen nach, und er wünscht Dir wie alle andern Leute eine glückliche Reise. Nach Tische spielte uns Brendel noch eine Stunde auf dem Klaviere was vor, auch mein Schwager Reb Seelig kam den Abend noch, und weil es ihm nichts kostet, mir's weis zu machen, daß er kam, um von Dir Abschied zu nehmen, so muß ich mir das Kompliment wohl gefallen lassen. Donnerstag beim Aufstehen waren schon viele gute Freunde bei mir, die sich erkundigen wollten, wie ich die Nacht geschlafen habe. Nachmittag kam Herr Lessing und holte mich mit Brendel und Reikl zum Kaffee bei seiner Frau ab. Professor Engel war auch da. Wir tranken also da Kaffee und ruddelten dabei auf die deutsche und französische Truppe. Ein jeder behauptet, daß es unrecht wäre, sich von solchen elenden Akteurs amüsieren zu lassen. Was meinst Du wohl, lieber Moses, was wir nach dem Kaffee taten? Wir Frauenzimmer gingen nach der französischen Komödie, die Mannsleute nach der deutschen. Aber das Schönste ist, wir amüsierten uns beiderseits; ich werde mir sogar Mühe geben, öfters mit den Kindern hinzugehen; ich glaube, daß es für unsere Kinder nützlich ist. Brendel hat die Komödie ziemlich verstanden, und Reikl wird sich nun Mühe geben, sie verstehen zu lernen; wenigstens sitzt sie doch heute schon mit einem französischen Buch in der Hand. So, lieber Moses, nun Visiten empfangen, Visiten gemacht, in der Komödie gewesen, und bei alledem Langeweile, die ich doch gar nicht empfinde, wenn Du bei mir bist; Du magst es mir glauben, daß es die drei Tage die erste vergnügte Stunde ist, die ich mich mit Dir unterhalte. Mach mir nur öfter das Vergnügen und schreibe mir fleißig; Du kannst vor der Hand keine größere Wohltat tun an Deiner Fromet...

Deine guten Freunde vermelden alle ihren Gruß; ich kann nicht einen jeden apart melden, sonst wird mir der Bogen zu klein.

Unser Abraham und Jettchen grüßen; sie befinden sich gottlob recht wohl.

MENDELSSOHN AN HERZ HOMBERG

Berlin, den 4. Okt. 1783

Lieber Freund!

Sie wollen wissen, wie es mit meinem Sohne, Ihrem Schüler, steht? Ich muß Ihnen sagen, daß ich mit seinem Fleiße zufrieden bin; er macht auch ziemliche Progressen. Hauptsächlich werden seine Verstandeskräfte täglich stärker. Wie viel er in diesem oder jenem Buche zugelernt hat, darauf sehe ich so genau nicht; genug, er denkt, und denkt richtig und tief. Auch sein Geschmack fängt an, sich zu bilden. Worüber ich zu klagen habe, ist das Unbiegsame in seinem Charakter, das Unsanfte in seinem ganzen Wesen; was ihn zwar nicht unsittlich, aber doch ungefällig macht, und auf sein künftiges Glück wenigstens eine schlimme Wirkung haben kann. Sie kennen ihn, er war immer von einer Gemütsart, die zehnmal eher bricht als biegt; und so ist er noch. Alle meine Bemühungen sind bisher ohne Wirkung. Er ist sogar sophistisch genug, gegen alle seine Freunde, die ihn (wiewohl sehr wider meinen Willen) zuweilen aufziehen, seine Schwachheit durch Gründe zu behaupten. Ich gebe fast die Hoffnung auf, ihn von dieser Seite gebessert zu sehen, wenn er nicht das Glück hat, einem Frauenzimmer zu Gefallen sich etwas mehr Gewalt anzutun...

Mendelssohn an Herz Homberg

Berlin (15. März 1784)

Liebster Freund!

Sehr vergnügt hat mich die Nachricht, daß auch Ihre Philosophie endlich dem Rufe der Natur Gehör gegeben und Sie sich entschlossen haben, den ehelosen Stand zu verlassen. Am Ende ist es doch nur das häusliche Leben, in welchem der Mensch Glück und Beruhigung findet. Selbst das Unangenehme und Beschwerliche des häuslichen Standes hat, wenn wir zu gewissen Jahren gelangen, weniger fürchterliches für uns, als das Vakuum eines ehelosen Alters. Hiervon hat der junge, lebhafte, jovialische Mensch keinen Begriff. Er muß ihn auf Glauben annehmen; denn wenn er es anstehen läßt, bis ihn die Erfahrung darauf bringt, so ist es zu spät, dem Übel auszuweichen. Also wohlgetan, bester Homberg! ohne alle Rücksicht auf das Glänzende oder Nichtglänzende der äußeren Umstände wohlgetan! Sie wissen, wie wenig ich selbst bei meiner Wahl hierauf gesehen. Sobald sich ein Weg zeigt, wo wir mit Ehren durchzukommen Hoffnung haben, so tritt die Natur in die Rechte wieder ein, aus welchen sie Kleinmut, Selbstsucht und Eitelkeit verdrängt; und besteht auf diejenige Verbindung, welche mit unsern unschuldigen Gemütsneigungen am besten übereinstimmt...

Eine Partie, die nicht Eigennutz zum Grunde haben soll, muß aus Neigung entstehen. Aber diese Neigung muß da sein, bevor sie wirken kann; muß gefühlt werden, wenn sie Entschließung zu Wege bringen soll. Sie läßt sich aber nicht voraussetzen, entsteht nicht aus Hörensagen, weiß nichts von Tradition und Köhlerglauben, kennt nur Evidenz der Sinne, und übrigens keine Versicherung, wenn sie auch durch Wunder und Zeichen bekräftigt wird; wie ein neckisches launiges Mädchen ist sie gerade da, wo ihr sie am wenigsten vermutet, und läßt euch vergebens warten, wo ihr auf sie Rechnung gemacht habt. Ihre Genealogie klingt zuweilen sehr sonderbar, aber sicherlich ist sie noch selten aus Liebe zu des Vaters Weltweisheit entstanden.

Da diese Theorie der Neigung auf Erfahrung sowohl als auf Grundsätzen beruht, so möchte ich mir selbst nicht gern einen Gedanken in den Kopf setzen, der mich sehr schwindlig machen könnte. In der Tat, ein Schwiegersohn wie E. wäre keine geringe Nahrung für meinen Stolz! – Also hiervon für dieses Mal genug!

Mein Joseph hat sein hebräisches Studium so gut als an den Nagel gehängt. Unglücklicherweise war er unmittelbar nach Ihnen einem Gelehrten in die Hände gekommen, der ein leerer Haarspalter war; und so sehr auch Joseph den Scharfsinn liebt und dem Disputieren ergeben ist, so hat er doch für den eigentlichen Pilpul keinen Sinn. Es gehört, wie Sie wissen, eine ganz besondere Art des Unterrichts dazu, an dieser Geistesübung Geschmack zu finden; und wiewohl wir beide diesen Unterricht selbst genossen haben, so kamen wir doch darin überein, daß Joseph lieber etwas stumpfsinniger bleibe, als daß man ihn in einer so unfruchtbaren Art des Witzes übe. Der Mißgeschmack, den er also an dem Unterrichte seines Lehrers fand, brachte ihm eine Abneigung gegen das ganze Studium bei. In den soliden Wissenschaften macht er übrigens gute Fortschritte, dringt tief ein und schaut mit festem forschendem Blick umher, tut aber niemals große Sprünge, wie von einem jungen feurigen Kopfe erwartet werden könnte. In Absicht auf seine künftige Lebensart haben wir noch nichts bestimmt. Ich bin noch immer ungewiß, wozu ich ihm raten soll. Seine Talente und guten Anlagen zu den gründlichen Wissenschaften lassen in diesem Fache etwas Vorzügliches von ihm erwarten. Als Jude aber kann er bloß Arzneikunst treiben, und zu dieser hat er weder Lust noch Genie. Ihn der Handlung zu widmen, ist, wie mich dünkt, noch zu früh. Er mag also vor der Hand alles lernen, wozu er Lust und Trieb empfindet. Zum Kaufmanne wird er dadurch wenigstens nicht verdorben. Er mache es allenfalls wie sein Vater es hat machen müssen: stümpere sich durch, bald als Gelehrter, bald als Kaufmann, ob er gleich Gefahr läuft, keines von beiden ganz zu werden...

Meine übrigen Kinder schlagen alle vor der Hand so ein, wie wir es vermutet und größtenteils gewünscht hatten: weder lang noch kurz, weder klug noch dumm, bis auf meinen kleinsten Nathan, der sich den Weisen nennt, und dessen Weisheit noch vor der Hand darin besteht, daß er von Swa Zuckerbrot, von R. Samuel Pfefferkuchen, und von der Köchin Hanna alle seine übrigen Bedürfnisse erwartet.

Nun wahrlich! ein größeres Detail erwarteten Sie wohl schwerlich von meinen häuslichen Umständen? Nehmen Sie dieses als eine Einladung an, mich mit gleichem Detail von Ihrer Verfassung zu unterhalten

Der Ihrige
Moses Mendelssohn

MENDELSSOHN AN ELISE REIMARUS

4. Okt. 1785

...Mein Sohn Joseph wird sich einige Tage zu Strelitz aufhalten; ich erwarte ihn mit Sehnsucht zurück. Herzlich bedaure ich es, daß ich ihn den Wissenschaften entziehen muß, um einen Knecht des Mammons aus ihm zu machen. Zur Arznei hat er nicht Lust; und als Jude muß er Arzt, Kaufmann oder Bettler werden. Er hat mir vieles mündlich von Ihnen zu erzählen versprochen, worauf ich sehr begierig bin.

Ihr aufrichtiger, wahrer Freund
Moses Mendelssohn

Die von Lessing, Mendelssohn und Nicolai herausgegebenen »Literaturbriefe« wurden von einem darin abfällig rezensierten Schreiber denunziert, weil ein Jude dort wider die christliche Religion und unehrerbietig über die Dichtungen des Königs geschrieben habe. Das Verbot der Zeitschrift wurde nach wenigen Tagen aufgehoben.

Ich [i. e. Nicolai] ging itzt zu meinem Freunde Moses Mendelssohn, um ihm Nachricht von dem Verbote und von meiner Unterredung mit dem Generalfiskal zu geben. Über das erste waren wir beide gleich indigniert, es mochte nun herkommen, woher es wollte. Wenn man ein gutes Gewissen hat, so erregt offenbare Ungerechtigkeit desto mehr Unwillen. - Von ihm erfuhr ich: er sei zitiert worden, den folgenden Vormittag zum Generalfiskal zu kommen. Man muß wissen, daß der Generalfiskal eine besondere Aufsicht auf die Judenschaft hat, in Absicht ihres allgemeinen Schutzprivilegiums, und über die Erfüllung der Bedingungen desselben. Es war also ungewiß, ob die ergangene Vorladung sich etwa hierauf beziehe, ungeachtet davon keine Veranlassung abzusehen war, oder ob sie das Verbot der Literaturbriefe betreffe.

Moses Mendelssohn, der sanfteste, ruhigste Mann, hatte in seinem Charakter entschiedene Festigkeit und Würde, wenn es darauf ankam, Standhaftigkeit zu zeigen. Zwischen ihm und dem Generalfiskal erhob sich folgendes Gespräch. Dieser, der ihn noch gar nicht kannte, sah ihn, als er eintrat, mit finsterer Amtsmiene an, und fuhr heraus:

Generalfiskal: Hör Er, wie kann Er sich unterstehen, wider Christen zu schreiben?

Mendelssohn: Wenn ich mit Christen Kegel schiebe, so werfe ich alle Neune, wenn ich kann.

Generalfiskal: Untersteht Er sich zu spotten? Weiß Er wohl, mit wem Er redet?

Mendelssohn: O ja! Ich stehe vor dem Herrn Geheimen Rat und Generalfiskal von Uhden, vor einem gerechten Manne.

Generalfiskal: Ich frage Ihn noch einmal: wer hat Ihm erlaubt, wider einen Christen, und noch dazu wider einen Hofprediger zu schreiben?

Mendelssohn: Ich muß noch mal wiederholen, und

wahrlich ohne Spott: wenn ich mit einem Christen Kegel schiebe, und wäre es auch ein Hofprediger, so werfe ich alle Neune, wenn ich kann. Das Kegelspiel ist eine Erholung für meinen Leib, wie die Schriftstellerei eine Erholung für meinen Geist. Jeder, welcher schreibt, macht es so gut, wie er immer kann. Übrigens wüßte ich nicht, daß ich je wider einen Hofprediger noch wider einen andern Prediger geschrieben hätte.

Generalfiskal: Oh, ich merke, Er will leugnen. Man wird Ihm schon Seine Künste abfragen. Er hat wider die christliche Religion geschrieben.

Mendelssohn: Wer Ihnen dieses gesagt hat, hat Ihnen eine große Unwahrheit gesagt.

Generalfiskal: Leugne Er nur nicht, man weiß es schon besser. Dies ist wider das Judenprivilegium. Er hat den Schutz verwirkt.

Mendelssohn: Ach, ich habe hier keinen Schutz zu verwirken, ich habe kein Privilegium, ich bin Buchhalter beim Schutzjuden Bernhard.

Generalfiskal: Desto schlimmer! Die geringste Strafe für Seinen Frevel wird sein, daß man Ihn aus dem Lande weiset.

Mendelssohn: Wenn man mich gehen heißt, so werde ich gehen. Ich habe mich nie den Gesetzen widersetzen wollen, und der Gewalt kann ich mich noch weniger widersetzen...

Auf ähnliche Art dauerte das Gespräch noch einige Zeit fort, ohne daß der Generalfiskal, auch auf Moses' Verlangen, sich über die eigentliche Ursache oder über die Anklage deutlich erklären wollte.

(Nicolai)

Mendelssohn und die Akademie

11. Febr. 1771

Mein verehrtester Herr!

Die Königliche Akademie hat mir aufgetragen, Ihnen zu hinterbringen, daß ihr Wunsch ist, Sie als ordentliches

Mitglied der philosophischen Klasse zu besitzen. Sie wünscht also und hofft, daß eine solche Stelle, obwohl jetzt vor der Hand keine Pension dabei ist, Ihnen nicht zuwider sein möchte. In diesem Falle wird der Vorschlag an den König morgen abgehen. Seien Sie so gütig, mich wissen zu lassen, ob Sie damit zufrieden sind. Mir würde es besonders angenehm sein, Sie zum Kollegen zu haben.

(Sulzer an Mendelssohn)

Mendelssohn willigte ein – aber das Schreiben der Akademie blieb vom Könige unbeantwortet; und bei einem zweiten Vorschlage wurde Mendelssohns Name vom Könige von der Liste gestrichen.

Dionys und Plato

Ein neuer Dionys rief von der Seine Strande
Sophistenschwärme her für seinen Unterricht
Ein Plato lebt in seinem Lande
Und diesen kennt er nicht.

(Kästner)

Mendelssohn in Potsdam

Der König invitierte im Jahre 1771 den Kursächsischen Staatsminister Freiherrn von Fritsch, den er bei Gelegenheit des Hubertusburger Friedens hatte kennen lernen, zu sich nach Potsdam. Gegen die Zeit, als derselbe abreisen wollte, äußerte er gegen den König, daß er über Berlin zurückgehen möchte. Der König fragte ihn, was er da machen wolle? Der Minister antwortete: »Hauptsächlich sei die Ursache, weil er den berühmten Moses Mendelssohn, den er so sehr hochschätze, gern wolle persönlich kennen lernen.« Der König, welcher irgendeine Ursache haben mochte, warum er nicht gern sah, daß der Minister über Berlin ging, sagte ihm auf eine verbindliche Weise: »Deswegen möchte er nicht nach Berlin reisen, sondern lieber noch einen Tag bei ihm bleiben, er wolle Moses nach Potsdam kommen lassen.«

Moses erhielt also von einem Herrn des Hofes ein Schreiben ungefähr in folgenden Worten »Da der kursächsische Staatsminister Freiherr von Fritsch Verlangen trägt, den berühmten Herrn Moses Mendelssohn persönlich kennen zu lernen, so habe ich demselben, auf Befehl Sr. Königlichen Majestät, hierdurch sollen zu wissen tun, daß er gegen morgen Mittag nach Potsdam kommen möchte.«

Der Tag, da Moses diesen Brief erhielt, war ein Freitag, und folglich der Tag, an welchem er reisen sollte, ein Sonnabend: der Tag der Ruhe, an welchem den Juden zufolge den Gesetzen des Talmuds nicht erlaubt ist, über Land zu reisen, am wenigsten im Wagen. Moses hatte die weise Zurückhaltung, niemals sich eigenmächtig von den Gesetzen loszuzählen, die seine ganze Nation beobachtete. Es ward also vom Oberlandrabbiner eine Versammlung der Gesetzverständigen veranlaßt, welche entschied: daß im gegenwärtigen Falle der ausdrückliche Befehl des Landesherrn eine Dispensation von diesem Gesetze erlaube. Sie ersuchten aber zugleich den Reisenden, daß er, um des Volkes willen, welches die Umstände nicht wissen könne, aus dem Tore zu Berlin zu Fuß gehen, und vor Potsdam aus dem Wagen steigen und zu Fuße hineingehen möchte.

Dies geschah. Moses ward beim Eintritte in Potsdam von der Schildwache mit einem »wo will der Jude hin« ? aufgehalten. Zu gleicher Zeit kam ein ganz junger Offizier heraus, um ihn zu examinieren. Moses gab auf Befragen, was sein Geschäft in Potsdam sei, zur Antwort: er komme auf Befehl des Königs dahin – und überreichte dabei den obengedachten Brief. Der Offizier las ihn bedächtig durch, und indem er nochmals auf das Wort berühmt sah, frage er den Philosophen: »Worin ist Er denn so berühmt, daß Er hierher berufen wird?« - Moses, obgleich sonst sehr ernsthaft, konnte doch bei Vorfällen dieser Art, welche ihm in seinem Leben einigemal begegneten, eine gewisse Laune nicht verleugnen; er antwortete ganz gelassen: »Ich spiele aus der Tasche.« – »So!« lautete der Bescheid, »Geh Er nur in Gottes Namen!« –

(Nicolai)

Ein am Tage von Mendelssohns Besuch in Potsdam geschriebener Brief C. F. Behms an Zacharias Veitel Ephraim erlaubt uns, Tag und Stunde dieses Besuches zu bestimmen: er fand am 30. September 1771 statt; zwar nicht an einem Sabbat, aber doch an einem jüdischen Feiertag (Schemini Azeret = 22. Tischri 5532). Mendelssohn hat dabei, wie wir aus einer Bemerkung K. G. Lessings wissen, nicht den König, nur den sächsischen Minister gesprochen.

Die bürgerliche Lage der Juden

Mendelssohn an Iselin

Berlin, den 30. Mai 1762

... Ich gestehe es, teuerster Menschenfreund! ich befürchte, Sie machen sich einen allzu vorteilhaften Begriff von meinen Talenten. Sie scheinen mich für fähig zu halten, in dem Felde, das Sie beeifern und die Patriotische Gesellschaft mit vereinigten Kräften anzubauen vorhabens ist, einen Mitarbeiter abzugeben, und ich habe die gegründetsten Ursachen, vornehmlich in diesem Stücke in meine Fähigkeiten kein geringes Mißtrauen zu setzen. Geburt, Erziehung und Lebensart zeigen ihren Einfluß in die Denkungsart des Menschen nie so sehr, als wenn von diesem edlerm Teile der Weltweisheit die Rede ist. Der glückliche Republikaner übersieht die menschliche Gesellschaft aus einem weit höheren Gesichtspunkte als der monarchische Untertan, und der monarchische Untertan ist noch weit über den Standort hinweg, der mir im bürgerlichen Leben angewiesen worden. Zwar blüht unter der Regierung eines Friedrichs die Freiheit zu denken in fast republikanischer Schönheit; allein Sie wissen, wie wenig Anteil meine Glaubensbrüder an allen

Landesfreiheiten zu haben pflegen. Die bürgerliche Unterdrückung, zu welcher uns ein zu sehr eingerissenes Vorurteil verdammt, liegt wie eine tote Last auf den Schwingen des Geistes und macht sie unfähig, den hohen Flug der Freigeborenen jemals zu versuchen. Ich besitze Selbsterkenntnis genug, um in diesem Stücke meine Schwäche einzusehen, und allzu viel Hochachtung für die Gesellschaft, um ihr dieselbe nicht zu gestehen.

Überhaupt bleiben mir nur wenige Nebenstunden des Tages übrig, die ich meinem Lieblingsstudio, der auf hiesigen Schulen herrschenden Metaphysik gewidmet. Die Trockenheit zu vermeiden, erlaubt sich mein Gemüt manchen Spaziergang in die anmutigen Gefilde der schönen Wissenschaften, die in der Tat mit der spekulativen Weltweisheit in einer genaueren Verbindung stehen, als man insgemein zu glauben pflegt. Da aber diese Wissenschaften in die Absicht der Gesellschaft einen gar zu entfernten Einfluß haben, so verzweifle ich fast, derselben jemals einen nützlichen Beitrag liefern zu können.

Der Jude in Berlin

Mendelssohn ging mit Professor Engel im sogenannten Lustgarten in Berlin lustwandelnd auf und ab. Ein berauschter, seinem Dialekte nach polnischer Soldat bleibt mit an der Seite gestemmten Armen stehen und stößt die gemeinsten Pöbelworte gegen den bucklichten Juden aus. Da darauf nicht geachtet wird, geht er den Männern nach und ist nach Stellung und Handbewegung im Begriff, den kleinen Mann mit wiederholten Schimpfreden am Ohrläppchen zu ziehen. Engel, der zur Rechten Mendelssohns geht, darüber empört, hebt seinen Stock auf, um den Unverschämten tätlich abzuwehren. Aber der gleichmütige Weltweise fällt ihm schnell in den Arm. »Nicht doch! Freund, lassen Sie dem unglücklichen Sklaven die Freude, einen Juden ein wenig necken zu dürfen.« Engel konnte den Vorfall nie ohne Rührung erzählen. »Den liebreich ironischen Ton des edlen Mannes« – setzte er hinzu – »kann ich nicht nachmachen.«

(David Friedländer an Moses Moser)

Der preussische Schutzbrief

Der Marquis d'Argens, der als philosophischer Gesellschafter Friedrichs II. in Potsdam lebte und der Mendelssohn sehr wohl kannte und oft mit ihm umging, vernahm zufällig, daß fremde Juden nicht im Lande bleiben dürfen. – »Aber«, sagte er, »notre cher Moïse trifft dies doch nicht?« – »O ja«, war die Antwort, »er wird bloß geduldet, weil er in Diensten des Fabrikanten Bernhard stehet. Wenn dieser ihn heute aus seinen Diensten entläßt und er keinen andern Schutzjuden findet, der ihn in Dienst nehmen will, so würde die Polizei ihn zwingen, noch heute das Land zu verlassen.« Der Marquis war darüber außer sich, er wollte nicht glauben, daß ein so weiser und gelehrter Mann, den jeder Rechtschaffene hochschätzen mußte, täglich in der Gefahr sein sollte, sich auf so niedrige Weise behandelt zu sehen. Er sprach mit Mendelssohn darüber. Dieser bekräftigte es und sagte: »Sokrates bewies ja seinem Freunde Criton, daß der Weise schuldig ist zu sterben, wenn es die Gesetze des Staates fordern. Ich muß also die Gesetze des Staates, in welchem ich lebe, noch für milde halten, daß sie mich bloß austreiben, im Fall mich in Ermangelung eines andern Schutzjuden auch nicht ein Trödeljude für seinen Diener erklären will.« Der Marquis war von dieser Lage der Sache aufs äußerste betroffen und wollte sogleich an den König darüber schreiben. Man brachte ihn mit Mühe davon ab, weil man voraussah, daß jetzt – es war im Jahre 1762 während des Krieges – nicht die rechte Zeit sein würde. Nach erfolgtem Frieden dachte der Marquis selbst daran und verlangte, Mendelssohn sollte eine Bittschrift aufsetzen, die er selbst übergeben wolle, obgleich er sich sonst nie damit befaßte, Bittschriften abzugeben. Mendelssohn wollte sich anfangs nicht dazu verstehen. Er sagte: »Es tut mir weh, daß ich um das Recht der Existenz erst bitten soll, welches das Recht eines jeden Menschen ist, der als ruhiger Bürger lebt. Wenn aber der Staat überwiegende Gründe hat, Leute von meiner Nation nur in gewisser Anzahl aufzunehmen, welches Vorrecht kann ich vor meinen übrigen Mitbrüdern haben, eine Ausnahme zu verlangen?« Indessen stellten Mendelssohns Freunde ihm vor, daß er es für das Wohl seiner Familie tun sollte, und so schrieb Mendelssohn folgende, aus den Akten gezogene Bittschrift: »Ich habe von meiner Kindheit beständig in Ew. Majestät Staaten gelebt und wünsche, mich auf immer in denselben niederlassen zu können. Da ich aber im Auslande geboren bin und das nach dem Reglement erforderliche Vermögen nicht besitze, so erkühne ich mich alleruntertänigst zu bitten, Ew. Majestät wollen allergnädigst geruhen, mir mit meinen Nachkommen dero allergnädigsten Schutz nebst den Freiheiten, die dero Untertanen zu genießen haben, angedeihen zu lassen, in Betracht, daß ich den Abgang an Vermögen durch meine Bemühungen in den Wissenschaften ersetze, die sich Ew. Majestät Protektion zu erfreuen haben.«

Der Marquis gab diese Vorstellung selbst dem König im April 1763, aber Moses bekam keine Antwort. Wir (Nicolai erzählt) waren alle darüber betroffen, und der sonst so sanfte Moses war hierüber ziemlich empfindlich und machte uns, die wir ihn zu dem Schritte verleitet hatten, einigermaßen Vorwürfe. Die Sache blieb so, weil Moses auf keine Weise weiter einen Schritt tun, auch nichts darüber an den Marquis gelangen lassen wollte. Dieser erfuhr zufällig im Jahre 1763, daß Mendelssohns Bittschrift keinen Erfolg gehabt und daß der König nicht geantwortet habe. Der Marquis war darüber äußerst entrüstet, und als er denselben Abend zum König kam, fing er schon beim Eintritt in das Zimmer an zu schelten.

Friedrich der Große. Er lehnte die Aufnahme Mendelssohns in die Akademie der Wissenschaften ab (Porträt von Anton Graff)

Die Examinierung Moses Mendelssohns am Berliner Tor in Potsdam (Stich nach einer Zeichnung von Chodowiecki)

Der König, der nicht wußte, was er wollte, bezeigte ihm sein Befremden, »Ach!« rief der Marquis aus, »Sire! Sie sind doch sonst gewohnt Wort zu halten. Nun habe ich einmal etwas von Ihnen gebeten, nicht für mich, sondern für den würdigsten, rechtschaffensten Mann, Sie versprechen mir, es zu gewähren und hernach tun Sie es doch nicht. Nein! Das ist zu arg!«

Der König versicherte, Mendelssohn habe das Schutzprivilegium erhalten, der Marquis aber versicherte, Mendelssohn habe auf seine Bittschrift keine Antwort erhalten. Endlich fand es sich, daß ein bloßes Mißverständnis bei der Sache war. Der König versicherte, die Bittschrift müsse durch einen ungewöhnlichen Zufall verloren gegangen sein, Moses solle nur noch eine Bittschrift einreichen, sodann wolle er das Privilegium auszufertigen befehlen. »Gut«, sagte der Marquis, »ich werde Ihnen selbst eine machen, verlieren Sie sie aber nicht wieder.« Moses schrieb auf wiederholtes Verlangen des Marquis die Bittschrift noch einmal am 12. Juli 1763, und der Marquis fügte unter seinem eigenen Namen hinzu:

»Un Philosophe mauvais catholique supplie un Philosophe mauvais protestant de donner le privilège à un Philosophe mauvais juif. Il y a trop de philosophie dans tout ceci pour que la raison ne soit pas du côté de la demande.« [In deutscher Übersetzung: Ein Philosoph, der ein schlechter Katholik ist, bittet einen Philosophen, der ein schlechter Protestant ist, einem Philosophen, der ein schlechter Jude ist, den Schutzbrief zu gewähren. Hierin steckt zu viel Philosophie, als daß die Vernunft nicht auf Seiten der Bitte stünde.]

(Joseph Mendelssohn nach Nicolai)

Der Philosoph und der Leibzoll

... Es war am Abend des 16. August [1776], als Mendelssohn in Begleitung seiner Frau und seines jungen Freundes David Friedländer in Dresden anlangte. Am andern Tage früh morgens kam der Dresdener jüdische Gemeindediener Löbel Schie zu ihm und verlangte zwanzig Groschen, um für ihn und seine Gesellschaft einen Zoll- und Geleitbrief zu lösen, denn damals mußte der Jude, wenn er sich in einer sächsischen Stadt auch nur einen Tag aufhalten wollte, den sogenannten Leibzoll entrichten, der ihn zum Vorteile der Finanzkasse zum Tiere herabwürdigte.

Mendelssohn lachte laut auf.

»Der Verfasser des Phädon sich verzollen gleich dem Ochsen, das ist lustig!« sagte er zu seiner Frau; »nun sehe ich erst, wie gut es Lavater mit mir gemeint. Wäre ich Christ geworden, könnte ich heute zwanzig Groschen sparen. Doch«, fuhr er ernst und traurig fort, »Jude ist Jude, ob er mit Philosophemen oder mit alten Kleidern handle; gehorche ich den mosaischen Gesetzen, muß ich auch den sächsischen Folge leisten.« Er zahlte die zwanzig Groschen, und Löbel Schie eilte, den Verfasser des Phädon und seine Begleiter zu verzollen.

Als Schie in dem Zoll- und Geleits-Expeditionsbüro die zu verzollende Gesellschaft nannte, welche aus Berlin kam und über Meißen nach Leipzig reisen wollte, stutzte der Einnehmer ein wenig, als er den Namen Mendelssohn hörte.

»Mendelssohn! Mir ist, als ob ich von dem Mauschel schon etwas gehört hätte. Mendelssohn! Hat er nicht Bücher geschrieben?«

»Und was für Bücher!« erwiderte Löbel Schie.

»Ei was! Jude ist Jude!« fiel ihm der Einnehmer ins Wort. Er schrieb hierauf den Geleitzettel und strich die zwanzig Groschen ein.

Tags darauf besuchte Mendelssohn in Begleitung des jungen Hennings, der als dänischer Geschäftsträger in Dresden lebte, die damals noch im Zwinger aufgestellte kurfürstliche Bibliothek, um das Verzeichnis der Dubletten zu durchblättern, welche demnächst verkauft werden sollten.

Der Bibliothekar Daßdorf, der gerade mit der Herausgabe der Briefe Winkelmanns beschäftigt war, schätzte sich glücklich, den berühmten Philosophen und Freund Lessings in seinem Musentempel zu sehen; er erschöpfte sich in Lobeserhebungen über Mendelssohns Verdienste um die deutsche Literatur, zeigte ihm mit unermüdlicher Geduld die Dubletten sowie die Schätze der Bibliothek, und fragte ihn, als er Miene machte, sich zu entfernen, wie es ihm in Dresden gefalle.

»Ihre Stadt ist herrlich«, antwortete Mendelssohn, »Ihr Land noch herrlicher, und Ihr Kurfürst das herrlichste, was ich nächst unserm Friedrich kenne, aber« – hier brach er lächelnd ab.

»Nun, was mißfällt Ihnen denn bei uns?« fragte Daßdorf erstaunt.

»Daß die sächsischen Gesetze die Berliner Juden und die polnischen Ochsen noch immer im Range ganz gleichstellen.« Und nun mußte Mendelssohn die Geschichte mit den zwanzig Groschen und dem Leibzoll erzählen.

Daßdorf stand dabei wie auf Kohlen. Er entschuldigte den Einnehmer teils mit allzu strenger Pflichterfüllung, teils mit Mangel an Kenntnis der Literatur und tröstete Mendelssohn, daß der Fehler sicherlich bald gut gemacht werden würde. Dieser aber bat ihn, kein Aufhebens aus einer Sache zu machen, die kaum der Rede wert sei, empfahl sich und ging.

Sobald Mendelssohn sich entfernt hatte, ergriff Daßdorf, der für alles was Literat und Literatur hieß, enthusiastisch eingenommen war, hastig Hut und Stock, stürzte die Zwingertreppe hinab, um diese »entsetzliche Geschichte« gleich bei der rechten Behörde anzubringen; er begab sich zu dem Geheimen Kammerrat Freiherrn von Ferber, in dessen Hause er einige Jahre Hofmeister gewesen war. Ferber, nicht nur ein tüchtiger Staatsmann, sondern auch Freund der Literatur und Verehrer Mendelssohns, fand die Geschichte ebenfalls sehr ärgerlich, teilte ganz die Befürchtung Daßdorfs, daß die Berliner Gelehrten sich in den öffentlichen Blättern darüber lustig machen würden, und begab sich sofort zum Kabinettsminister Freiherrn von Gutschmidt, um auch ihn von der »entsetzlichen Geschichte« in Kenntnis zu setzen.

Schon am nächsten Morgen erhielt das Finanzkollegium mittels allerhöchsten Reskripts den Befehl, »dem Berliner Gelehrten mosaischer Konfession, Herrn Moses Mendelssohn« die als Leibzoll abgenommenen zwanzig Groschen zurückzustellen und ihm zugleich zu wissen zu tun, daß er sich mit seiner Begleitung in Dresden aufhalten könne, so lange es ihm beliebe, ohne die mindeste Abgabe zu entrichten.

Mendelssohn freute sich der Auszeichnung, die ihm der Kurfürst angedeihen ließ; er stattete dem Freiherrn von Ferber einen Besuch ab, um ihn seiner Hochachtung und Ehrerbietung zu versichern, und schenkte die zwanzig Groschen mit einer zehnmal so starken Beilage der Stadtarmenkasse.

(Kayserling)

Mendelssohn an Herz Homberg in Wien

Berlin, den 19. Okt. 1784

Bester Freund!

Tausend Dank für die ungemein ergötzende Nachricht, die Sie uns mitgeteilt haben! Ihr Vorhaben mag nunmehr gelingen oder von Mißgünstigen hintertrieben werden, so haben Sie doch einen großen Schritt getan, und verdienen den Dank und die Hochachtung eines jeden rechtschaffenen Israeliten, der Kinder hat und sie nicht gern alle Trödler und Ärzte sein oder Trödler und Ärzte heiraten lassen möchte. Heil dem großen römischen Kaiser, der auf dem Throne einen so menschlichen Gedanken fassen, zur Reife kommen und zum Vorsatz gedeihen lassen konnte! Aber auch Heil und ewigen Segen den Staatsdienern und den Männern auf den Kathedern in Wien, den Männern, die sonst sehr engen Herzens zu sein pflegen, daß sie sich mit solcher Großmut den großen Absichten des Regenten anfügen und solche mit so vieler Bereitwilligkeit befördern helfen!... Leben Sie wohl, Herr Korrepetitor!...

MENDELSSOHN AN HERZ HOMBERG

Berlin, den 20. Nov. 1784

Bester Freund!
Außerordentliche Männer tun selten, was jedermann von ihnen erwartet; denn sie sind außerordentliche Männer. Was also die Majestät in Ihrer Sache entschieden hat, ist ganz in der Regel; uns in aller Betrachtung zwar unlieb, aber doch im Grunde lieber, als wenn die Majestät Sie approbiert, die Philosophie aber Sie als untüchtig verworfen hätte. Ich habe, wie Sie wissen, ein ähnliches Schicksal gehabt. Die Akademie hat mich zum Mitgliede gewählt, des Königs Majestät aber die Wahl nicht bestätigt. Warum? das weiß ich ebensowenig, als Sie jetzt wissen, warum Sie der Kaiser nicht zum Korrepetitor haben will. Religionshaß ist es doch sicherlich nicht.

Aber müde machen sollen uns selbst die Großmächtigsten nicht! Je größere Schwierigkeiten, desto mehr Kräfte müssen wir anstrengen. Es müssen mehrere und immer mehrere unter uns aufstehen, die sich ohne Geräusch hervortun, und Verdienste zeigen, ohne lauten Anspruch zu machen. Lassen Sie dann nur die Exzellenz menschenfreundlich genug sein, das Verdienst anzuerkennen; die Majestät wird am Ende dennoch der Exzellenz nachfolgen müssen.

...

Machen Sie den verehrungswürdigen Männern, die sich Ihrer angenommen, meinen gehorsamsten Empfehl, und versichern Sie dieselben meiner aufrichtigsten Hochachtung. Mein Sohn soll immer fortfahren, sich in Wissenschaften zu befleißigen, so lange er die Hoffnung hat, sich solcher Männer Beifall zu erwerben. Die Ehrenstellen mögen allenfalls höheren Orts verweigert werden, und Joseph Mendelssohn im bürgerlichen Leben nichts mehr werden als Moses Mendelssohn, sein Vater, und Herz Homberg, sein Lehrer und Freund, sind und sein werden. Leben Sie wohl und lieben Sie

Ihren Bruder Kaufmann
Moses Mendelssohn

Mendelssohn an den Baron Hirschen in Dresden

Berlin, den 18. Okt. 1785

Hochwohlgeborener Herr!
Hochzuehrender Herr!
Die Zuschrift, womit Euer Hochwohlgeboren mich beehrt haben, beweist ebensowohl, daß die Wahrheit: meine Nation könne wie jede andere zum Nutzen des Staats gebraucht werden, demjenigen, dem kein Vorurteil hierin bleibt, klar einleuchtet; als auch, daß das Vorurteil wider meine Nation zu tiefe Wurzeln geschlagen, daß es leicht mit Stumpf und Stiel ausgerottet werden könnte. Ich sage: mit Stumpf und Stiel; denn es ist bei Vorurteilen immer der Fall, daß der mindeste zurückgebliebene Teil Samen wird: und ehe man sich es versieht, steht ein neuer Stamm wieder da. Jedem Vorurteil muß daher oft und mit Nachdruck von den Schriftstellern begegnet werden, um den neuen Ausschuß in der Blüte zu ersticken. Nun ist zwar dem forschenden Manne nicht viel daran gelegen, wer auch der Verfasser des Buches sei; er liest es, prüft die Gründe, und versagt ihnen den Beifall nicht, welchen sie verdienen. Aber bei Leuten vom gemeinen Schlage wirken die Gründe nur etwas, und das Mehreste muß die anerkannte Autorität des Schriftstellers und seine Uneigennützigkeit tun. Aus dieser Ursache habe ich es jederzeit mit größerem Vergnügen gesehen, wenn das Vorurteil der

Christen wider die Juden von einem christlichen Schriftsteller bestritten wird; und aus dieser Ursache scheinen mir auch die Maßregeln, welche Herr Schönemann genommen hat, um den Verdacht der Eigennützigkeit zu vermeiden, dem Zwecke gemäß ...

Mendelssohns Krankheit

... Daß in der Region der Gedanken alles wohl in der Ordnung sein und gleichwohl in der Region der wirksamen Ideen etwas Widernatürliches oder gar eine gänzliche Unfähigkeit obwalten könne, habe ich selbst bei der Nervenschwäche, an der ich seit vielen Jahren leide, nur zu oft erfahren ... Im Anfalle, der mich beim ersten Erwachen aus einem unruhigen Schlafe anzuwandeln pflegte, hatte ich mein völliges Bewußtsein, war imstande, jede Gedankenreihe, die ich mir vornahm, mit Ordnung und Deutlichkeit zu verfolgen, nur daß ich aller willkürlichen Bewegung unfähig war, weder ein Glied am Leibe regen, noch einen Laut von mir geben, oder die Augen auftun konnte; und jede Bemühung, die ich anwandte, irgendein Glied zu bewegen, war völlig fruchtlos, und vermehrte nur die sehr widrige Empfindung, von welcher dieser Zustand begleitet war. Es war mir nämlich dabei, als wenn etwas Glühendes vom Gehirn herab, den Rückgrat entlang einströmen wollte und Widerstand fände, oder als wenn jemand mit glühenden Ruten mir den Nacken geißelte. Ich mußte mich also vollkommen ruhig halten, bis ein Eindruck von außen her den Lebensgeistern gleichsam die Schleusen öffnete, daß sie freien Einfluß hatten, und nunmehr war auch in demselben Augenblick alles wieder hergestellt, und ich völlig wieder Herr über meine freiwilligen Bewegungen.

(Von ihm selbst beschrieben)

Berlin, den 9. April 1771

Liebster Freund!

Ich schicke Ihnen meine Philosophischen Schriften, aber ohne einen Brief dazu zu schreiben. Ich befinde mich seit einiger Zeit so übel, daß mir das Lesen und Schreiben völlig untersagt worden ist. Noch diesen ganzen Sommer soll ich so musenlos hinbringen, und wie jener König der Menschheit beraubt werden, um unter den wilden Tieren meine Vernunft wiederzusuchen.

Leben Sie wohl, mein Freund! und mäßigen Sie Ihren Eifer zu lesen und zu denken, damit Sie desto länger aushalten. Ich bin Ihr aufrichtiger Freund

Moses Mendelssohn.

(An Lessing)

Es war eine Zeit, da Moses Mendelssohn sich aus jedem Zimmer wegbegeben mußte, wo man von Philosophie sprach, denn er ward ohnmächtig, wenn er sich nicht entfernte. Lange verbot er sich darum alles Denken. In diesem Zustande kam einst, wie dieser große und liebenswürdige Philosoph mir in Hannover erzählt hat, sein Arzt zu ihm und fragte: »Was machen Sie denn, wenn Sie so in Ihrer Stube sind und nicht denken dürfen?« – »Ich gehe ans Fenster«, erwiderte er, »und zähle die Ziegel auf meines Nachbars Dache«. – Ohne deine ruhige Weisheit, o edler Mendelssohn, ohne solche Ergebung in den Willen Gottes gelangt aber auch kein Mensch zu solcher Größe.

(Zimmermann)

Während dieser langen gezwungenen Enthaltsamkeit von allen geistigen Arbeiten vermied Mendelssohn sein Studierzimmer, welches einen Stock höher lag als sein Wohnzimmer und in welchem seine mäßige Bibliothek aufgestellt war. Ein Zufall führte ihn eines Tages dahin, und er fand seinen

Schreibtisch in Unordnung, seine Stühle leer, und in einige Bücherrepositorien hatte die Frau Konfitüren gestellt. Ein Schauder überfiel ihn, er glaubte lebendig tot zu sein und zu sehen, wie es in seinem Studierzimmer nach seinem Tode aussehen würde. Er schlug geschwind die Türe zu; und die Augenblicke, in denen er die Treppe herunterging, hielt er für die traurigsten seines Lebens.

Nach mehreren Jahren genas er so weit, daß er in den Morgenstunden wieder gelehrte Arbeiten vornehmen konnte, aber die Spuren jener Nervenkrankheit trug er bis in den Tod. Er konnte nur sehr wenig Nahrung zu sich nehmen, denn seine Verdauungswerkzeuge waren höchst geschwächt, und des Abends konnte er sich mit geistigen Arbeiten gar nicht beschäftigen. Er stand deshalb jeden Morgen regelmäßig um fünf Uhr auf und beschäftigte sich mit gelehrten Arbeiten bis um neun Uhr. Was er Schriftstellerisches seit 1770 geleistet hat, ist in jenen vier Morgenstunden niedergeschrieben worden.

(Joseph Mendelssohn)

Denken und Tun

22. Sept. 1777

Bei dem edlen Gebrauche, den Ew. Hochwohlgeb. von Zeit und Kräften machen, haben Sie wohl die wenigste Ursache, irgendeinen Sterblichen zu beneiden, der nichts mehr kann, als über den besten Gebrauch von Zeit und Kräften Betrachtungen anzustellen. Die höchste Stufe der Weisheit ist unstreitig Gutes tun. Spekulation ist eine niedrigere Stufe, die zu jener führt. Man muß sie bestiegen haben, um zu jener zu gelangen; aber wer auf dieser stehen bleibt, erfüllt den Endzweck seines Daseins nur halb, und muß mit dem Lose zufrieden sein, auf der Wallfahrt zur Glückseligkeit den Wegweiser oder Meilenzeiger vorzustellen. Glücklich, wem die Vorsehung den Willen und die Macht beschieden,

Sittlichkeit und Bruderliebe unter den Menschenkindern durch Werke und Taten zu verbreiten, und dem Vorurteile entgegenzuarbeiten, so oft es der Glückseligkeit der Menschen im Wege steht! Er hat einen höheren Beruf als der Mann, der nur betrachten und wünschen kann.

Moses Mendelssohn

(An Ferber)

Mendelssohn und der Münzjude Ephraim

Moses hatte von dem Charakter des im Siebenjährigen Kriege so bekannt gewordenen Münzentrepreneurs Heine Veitel Ephraim, des Vaters, keine gute Meinung. Die Kontrakte über das Ausmünzen des geringhaltigen Geldes waren vom Könige dem General von Tauentzien aufgetragen, und folglich hatte Lessing unmittelbar damit das meiste zu tun. Moses haßte diese Münzentreprise aufs äußerste, weil er sie für das hielt, was sie war, für unrecht. Er wollte auch nicht das geringste damit, selbst nur mittelbar, zu tun haben: ungeachtet ihm der alte Ephraim sehr glänzende Vorschläge tat, um ihn dabei zu brauchen. Außer der eigentlichen Unternehmung selbst, die er für höchst unrecht hielt, waren ihm auch die Nebenintrigen, wodurch oft dieses und jenes eingeleitet und durch die dritte und siebente Hand erlangt wurde, sehr verhaßt. Daher warnte er seinen Freund Lessing...

(Nicolai)

Die große Provokation des christlichen Pfarrers Lavater

Lavater an Mendelssohn

Zürich, 16. Aug. 1769

Verehrungswürdigster Herr!

Ich weiß die Hochachtung, die mir Ihre fürtrefflichen Schriften und Ihr noch fürtrefflicherer Charakter eines Israeliten, in welchem kein Falsch ist, gegen Sie eingeflößt haben, nicht besser auszudrücken und das Vergnügen, das ich vor einigen Jahren in Ihrem liebenswürdigen Umgange genossen, nicht besser zu vergelten, als wenn ich Ihnen die beste philosophische Untersuchung der Beweise für das Christentum, die mir bekannt ist, zueigne.

Ich kenne Ihre tiefen Einsichten, Ihre standhafte Wahrheitsliebe, Ihre unbestechliche Unparteilichkeit, Ihre zärtliche Achtung für die Philosophie überhaupt und die Bonnetischen Schriften besonders. Und unvergeßlich ist mir jene sanfte Bescheidenheit, mit welcher Sie bei aller Ihrer Entferntheit von dem Christentum dasselbe beurteilen; und die philosophische Achtung, die Sie in einer der glücklichsten Stunden meines Lebens über den moralischen Charakter seines Stifters bezeugt haben; so unvergeßlich und dabei so wichtig, daß ich es wagen darf, Sie zu bitten, Sie vor dem Gotte der Wahrheit, Ihrem und meinem Schöpfer und Vater, zu bitten und zu beschwören: Nicht diese Schriften mit philosophischer Unparteilichkeit zu lesen; denn das werden Sie gewiß ohne mein Bitten, sonst tun: Sondern, dieselben öffentlich zu widerlegen, wofern Sie die wesentlichen Argumentationen, womit die Tatsachen des Christentums unterstützt sind, nicht richtig finden: Dafern Sie aber dieselben richtig finden, zu tun, was Klugheit, Wahrheitsliebe, Redlichkeit Sie tun heißen; – was Sokrates getan hätte, wenn er diese Schrift gelesen hätte und unwiderleglich gefunden hätte.

Gott lasse noch viel Wahrheit und Tugend durch Sie ausgebreitet werden; lasse Sie alle das Gute erfahren, das Ihnen mein ganzes Herz anwünscht.

Johann Caspar Lavater

Mendelssohn an Lavater

Berlin, den 12. Dez. 1769

Verehrungswerter Menschenfreund!
Sie haben für gut befunden, des Herrn Bonnets Untersuchung der Beweise für das Christentum, die Sie aus dem Französischen übersetzt, mir zuzueignen, und in der Zuschrift mich vor den Augen des Publikums auf die allerfeierlichste Weise zu beschwören: »diese Schrift zu widerlegen, wofern ich die wesentlichen Argumentationen, womit die Tatsachen des Christentums unterstützt sind, nicht richtig finde; dafern ich aber dieselben richtig finde, zu tun, was Klugheit, Wahrheitsliebe und Redlichkeit mich tun heißen, – was ein Sokrates getan hätte, wenn er diese Schrift gelesen und unwiderleglich gefunden hätte«; d. i. die Religion meiner Väter zu verlassen, und mich zu derjenigen zu bekennen, die Herr Bonnet verteidigt. Denn sicherlich, wenn ich auch sonst kriechend genug dächte, die Klugheit der Wahrheitsliebe und Redlichkeit das Gegengewicht halten zu lassen, so würde ich sie doch hier in diesem Falle alle drei in derselben Schale antreffen...

...Die Bedenklichkeit, mich in Religionsstreitigkeiten einzulassen, ist von meiner Seite nie Furcht oder Blödigkeit gewesen. Ich darf sagen, daß ich meine Religion nicht erst seit gestern zu untersuchen angefangen. Die Pflicht, meine Meinungen und Handlungen zu prüfen, habe ich frühzeitig erkannt, und wenn ich von früher Jugend an meine Ruh- und

Erholungsstunden der Weltweisheit und den schönen Wissenschaften gewidmet habe, so ist es einzig und allein in der Absicht geschehen, mich zu dieser so nötigen Prüfung vorzubereiten. Andere Bewegungsgründe kann ich hierzu nicht gehabt haben. In der Lage, in welcher ich mich befand, durfte ich von den Wissenschaften nicht den mindesten zeitlichen Vorteil erwarten. Ich wußte gar wohl, daß für mich ein glückliches Fortkommen in der Welt auf diesem Wege nicht zu finden sei. Und Vergnügung? - O mein wertgeschätzter Menschenfreund! Der Stand, welcher meinen Glaubensbrüdern im bürgerlichen Leben angewiesen worden, ist so weit von aller freien Übung der Geisteskräfte entfernt, daß man seine Zufriedenheit gewiß nicht vermehrt, wenn man die Rechte der Menschheit von ihrer wahren Seite kennen lernt. – Ich vermeide auch über diesen Punkt eine nähere Erklärung. Wer die Verfassung kennet, in welcher wir uns befinden, und ein menschliches Herz hat, wird hier mehr empfinden, als ich sagen kann.

Wäre nach diesem vieljährigen Forschen die Entscheidung nicht völlig zum Vorteile meiner Religion ausgefallen, so hätte sie notwendig durch eine öffentliche Handlung bekannt werden müssen. Ich begreife nicht, was mich an eine, dem Ansehen nach so überstrenge, so allgemein verachtete Religion fesseln könnte, wenn ich nicht im Herzen von ihrer Wahrheit überzeugt wäre. Das Resultat meiner Untersuchungen mochte sein, welches man wollte: sobald ich die Religion meiner Väter nicht für die wahre erkannte, so mußte ich sie verlassen. Wäre ich im Herzen von einer andern überführet, so wäre es die verworfenste Niederträchtigkeit, der innerlichen Überzeugung zum Trotz die Wahrheit nicht bekennen zu wollen. Und was könnte mich zu dieser Niederträchtigkeit verführen? Ich habe schon bekannt, daß in diesem Falle Klugheit, Wahrheitsliebe und Redlichkeit mich denselben Weg führen würden.

Wäre ich gegen Religionen gleichgültig und verlachte oder verachtete in einem Sinne alle Offenbarung, so wüßte ich gar wohl, was die Klugheit rät, wenn das Gewissen schweiget. Was könnte mich abhalten? – Furcht vor meinen Glaubensgenossen? Ihre weltliche Macht ist allzu geringe, als daß sie mir fürchterlich sein könnte. - Eigensinn? Trägheit? Anhänglichkeit an gewohnte Begriffe? Da ich den größten Teil meines Lebens der Untersuchung gewidmet, so wird man mir Überlegung genug zutrauen, solchen Schwachheiten nicht die Früchte meiner Untersuchungen aufzuopfern.

Sie sehen also, daß ohne aufrichtige Überzeugung von meiner Religion der Erfolg meiner Untersuchung sich in einer öffentlichen Tathandlung hätte zeigen müssen. Da sie mich aber in dem bestärkte, was meiner Väter ist; so konnte ich meinen Weg im stillen fortwandeln, ohne der Welt von meiner Überzeugung Rechenschaft ablegen zu dürfen. Ich werde es nicht leugnen, daß ich bei meiner Religion menschliche Zusätze und Mißbräuche wahrgenommen, die leider! ihren Glanz nur zu sehr verdunkeln. Welcher Freund der Wahrheit kann sich rühmen, seine Religion von schädlichen Menschensatzungen frei gefunden zu haben? Wir erkennen ihn alle, diesen vergiftenden Hauch der Heuchelei und des Aberglaubens, so viel unserer sind, die wir die Wahrheit suchen, und wünschen, ihn ohne Nachteil des Wahren und Guten abwischen zu können. Allein von dem Wesentlichen meiner Religion bin ich so fest, so unwiderleglich versichert, als Sie oder Herr Bonnet nur immer von der Ihrigen sein können, und ich bezeuge hiermit vor dem Gott der Wahrheit, Ihrem und meinem Erschöpfer und Erhalter, bei dem Sie mich in Ihrer Zuschrift beschworen haben, daß ich bei meinen Grundsätzen bleiben werde, so lange meine ganze Seele nicht eine andere Natur annimmt.

Und gleichwohl hätte meinetwegen das Judentum in jedem polemischen Lehrbuche zu Boden gestürzt, und in jeder

Schulübung im Triumph aufgeführt werden mögen, ohne daß ich mich hierüber jemals in einen Streit eingelassen haben würde. Ohne den mindesten Widerspruch von meiner Seite hätte jeder Kenner oder Halbkenner des Rabbinischen aus Scharteken, die kein vernünftiger Jude liest noch kennet, sich und seinen Lesern den lächerlichsten Begriff vom Judentume machen können. Die verächtliche Meinung, die man von einem Juden hat, wünschte ich durch Tugend und nicht durch Streitschriften widerlegen zu können. Meine Religion, meine Philosophie und mein Stand im bürgerlichen Leben geben mir die wichtigsten Gründe an die Hand, alle Religionsstreitigkeiten zu vermeiden, und in öffentlichen Schriften nur von denen Wahrheiten zu sprechen, die allen Religionen gleich wichtig sein müssen.

Nach den Grundsätzen meiner Religion soll ich niemand, der nicht nach unserm Gesetze geboren ist, zu bekehren suchen. Dieser Geist der Bekehrung, dessen Ursprung einige so gern der jüdischen Religion aufbürden möchten, ist derselben gleichwohl schnurstracks zuwider. Alle unsere Rabbinen lehren einmütig, daß die schriftlichen und mündlichen Gesetze, in welchen unsere geoffenbarte Religion bestehet, nur für unsere Nation verbindlich seien. Mose hat uns das Gesetz geboten, es ist ein Erbteil der Gemeinde Jacob. Alle übrigen Völker der Erde, glauben wir, seien von Gott angewiesen worden, sich an das Gesetz der Natur und an die Religion der Patriarchen zu halten. Die ihren Lebenswandel nach den Gesetzen dieser Religion, der Natur und der Vernunft einrichten, werden tugendhafte Männer von andern Nationen genennet, und diese sind Kinder der ewigen Seligkeit...

... Wenn unter meinen Zeitgenossen ein Konfuzius oder Solon lebte, so könnte ich, nach den Grundsätzen meiner Religion, den großen Mann lieben und bewundern, ohne auf den

lächerlichen Gedanken zu kommen, einen Konfuzius oder Solon bekehren zu wollen. Bekehren? Wozu? Da er nicht zu der Gemeinde Jacobs gehöret, so verbinden ihn meine Religionsgesetze nicht, und über die Lehren wollten wir uns bald einverstehen. Ob ich glaubte, daß er selig werden könnte? – Oh! mich dünkt, wer in diesem Leben die Menschen zur Tugend anführet, kann in jenem nicht verdammt werden, und ich habe kein ehrwürdiges Kollegium zu fürchten, das mich dieser Meinung halber, wie die Sorbonne den rechtschaffenen Marmontel, in Anspruch nehmen könne.

Ich habe das Glück, so manchen vortrefflichen Mann, der nicht meines Glaubens ist, zum Freunde zu haben. Wir lieben uns aufrichtig, ob wir gleich vermuten und voraussetzen, daß wir in Glaubenssachen ganz verschiedener Meinungen sind. Ich genieße die Wollust ihres Umganges, der mich bessert und ergötzt. Niemals hat mir mein Herz heimlich zugerufen: Schade für die schöne Seele! Wer da glaubt, daß außerhalb seiner Kirche keine Seligkeit zu finden sei, dem müssen dergleichen Seufzer gar oft in der Brust aufsteigen ...

LAVATER AN MENDELSSOHN

14. Febr. 1770

... Mit aufrichtigem Danke nehme ich auch diejenigen Stellen Ihres Schreibens an, die mich in den Stand setzen, an Ihnen und Ihrer Denkungsart das reinere Judentum und die in Ihren bessern rabbinischen Schriften herrschende Denkungsart richtig erkennen und beurteilen zu lernen. Sie haben mich recht begierig gemacht, noch mehr davon zu wissen. Vielleicht dürfte eine Anzeige der gründlichsten Schriften, die Ihre Nation aufzuweisen hat, manchem uneingenommenen Christen bessere Begriffe von dem Stamme beibringen, in welchem wir uns rühmen, eingepfropft zu sein. Vielleicht würde die Kenntnis des besten Systems vom Judentume manchen Stein des Anstoßes, der zwischen demselben und dem Christentum liegt, aus dem Wege zu heben anfangen. Sollte meine sonst übereilte Aufforderung und Ihr fürtreffliches Schreiben auch nur ein zufälliger Anlaß hierzu sein – sagen Sie, teuerster Freund, würde dann nicht die unangenehme Situation, in die ich Sie wider meine Absicht setzte, sich in eine recht angenehme verwandeln? Ich wenigstens könnte es dann nicht mehr sehr bedauern, daß ich mit meinem gutmeinenden Ansuchen dem denkenden Publikum dies Ihr Schreiben zuwege gebracht.

Lassen Sie es mich zur Ehre der Wahrheit heraussagen; ich finde in Ihrem Schreiben Gesinnungen, die ich mehr als verehre, die mir Tränen aus den Augen gelocket haben; Gesinnungen, die mir aufs neue – verzeihen Sie mir meine Schwachheit – den Wunsch abnötigten: Wollte Gott, daß Sie ein Christ wären!...

NACHERINNERUNG MENDELSSOHNS ZU LAVATERS ANTWORT

...Ich danke dem Herrn Lavater aufrichtig, daß er meinen Bedenklichkeiten Gerechtigkeit widerfahren läßt, und mich nicht in die Notwendigkeit setzen will, einen Streit zu führen, der meiner Denkungsart so sehr zuwider ist. In den wenigen Erholungsstunden, die mir meine Geschäfte übriglassen, möchte ich gerne alle Trennung, allen Zwiespalt vergessen, der jemals den Menschen zum Feinde des Menschen gemacht hat, und ich bemühe mich, alsdann selbst die Erfahrungen, die ich etwa des Tages über davon gehabt, in meinem Gedächtnisse auszulöschen. In diesen glücklichen Stunden überlasse ich mich gerne der freien, ungeteilten Empfindung des Herzens, die ich mit dem Zustande eines Streitführers noch nicht zu vereinigen weiß. Ich bin so wenig im moralischen, als im physischen Verstande zum Athleten geboren.

...Diese Gesinnungen habe ich seit vielen Jahren angenommen, und daher zwischen Dogmatiker und Skeptiker eine Art von Mittel zu halten gesucht. Dogmatisch, in dem strengsten Verstande, in Absicht auf mich, habe ich, was die wichtigsten Punkte der Religion und Sittenlehre betrifft, meine Partei genommen und stehe unverrückt auf der Seite, wo ich die meiste Wahrheit zu finden glaube; aber ebenso skeptisch, wenn ich meinen Nächsten richten soll. Ich räume einem jeden das Recht ein, das ich mir anmaße, und setze das größte Mißtrauen in meine Kräfte, irgend jemanden der auch Partei genommen hat, von meiner Meinung überführen zu können. Es kann mir also nicht anders als sehr angenehm sein, daß Herr Lavater zufrieden ist, den öffentlichen Briefwechsel hiermit zu beschließen.

Warum sollen wir auch das Publikum zu Zeugen von solchen Erörterungen machen? Es ist weder Herrn Lavater noch mir anständig, durch öffentliche Auftritte dem müßigen Teil des Publikums einen Zeitvertreib, dem Schwachen ein Ärgernis, und dem Verächter des Wahren und Guten Gelegenheit zu einem boshaften Vergnügen zu geben. Noch sind die Wahrheiten, die wir gemeinschaftlich erkennen und annehmen, nicht ausgebreitet genug, daß man der guten Sache von einer öffentlichen Erörterung der zwischen uns noch streitigen Punkte großen Nutzen versprechen könnte. In welcher glückseligen Welt würden wir leben, wenn alle Menschen die heiligen Wahrheiten annähmen und in Ausführung brächten, die die besten Christen und die besten Juden gemein haben! Der Herr Zebaoth lasse bald die glücklichen Tage erscheinen, da niemand Böses tun, noch verletzen wird, denn die ganze Erde wird voll Erkenntnis des Herrn sein, wie Wasser des Meeres Tiefen bedecken; die Tage, von welchen es heißt: Es wird kein Mann seinen Freund lehren, noch ein Bruder den andern, und sagen: Erkenne den Herrn; denn Alle werden ihn kennen, beide klein und groß.

Mendelssohn an Lavater

...Das kleine Vorspiel ist geendiget und der Vorhang herabgefallen. Kommen Sie! Wir wollen uns in Gedanken umarmen! Sie sind ein christlicher Prediger und ich ein Jude? Was tut dieses? – Wenn wir dem Schafe und dem Seidenwurme wiedergeben, was sie uns geliehen haben, so sind wir beide Menschen.

Mendelssohn an Lavater

15. Jan. 1771

...Ich habe das Vergnügen, sehr viele von meinen Mitbrüdern zu kennen, die diese weise Mäßigung besitzen und sich weder blasphemias noch contumelias [gegen den Stifter der christlichen Religion] erlauben. Ich kenne auch so manche, die mit mir noch weiter gehen und auf das Aussagen christlicher Zeugnisse (denn ich wiederhole es, jüdische haben wir nicht, die zuverlässig wären) die Unschuld jenes Religionsstifters, so wie die sittliche Güte seines Charakters anerkennen, aber die ausdrückliche Bedingung dabei voraussetzen: 1. daß er sich nie dem Vater gleich gesetzt, 2. nie für eine Person der Gottheit ausgegeben, 3. daß er sich folglich die Ehre der Anbetung nie angemaßt habe, und daß er endlich 4. die Absicht nicht gehabt, die Religion seiner Väter umzustoßen, so wie er offenbar bei vielen Gelegenheiten das Gegenteil hiervon zu erkennen gegeben zu haben scheint. Diese Bedingungen sind von der äußersten Notwendigkeit, denn in der Tat, wenn einige verdächtige Reden und Äußerungen, die das Gegenteil auszusagen scheinen, in dem buchstäblichen Sinne genommen werden müßten, so würde das Urteil über die moralische Güte seiner Absichten eine ganz andere Wendung nehmen...

Mendelssohn an Avigdor Levi

30. März 1771

...Mich hielten in der Tat vielfache Beschäftigungen und ganz besonders der religiöse Streit ab, in welchen ich mit einem christlichen Theologen geraten bin. Ich gebrauche stets die größte Vorsicht religiöse und dogmatische Streitigkeiten zu vermeiden, da sie zu nichts führen, wie wir es so oft aus manchen derartigen Parteikämpfen zur Genüge ersehen...

Nachdem ich nun dem übereilten Theologen sein Sendschreiben öffentlich beantwortet, bestürmen mich seine Glaubensgenossen von allen Seiten; die einen greifen mich in heftigen und ungestümen, die andern in sanften und schmeichelhaften Worten an; die einen loben, die andern spotten, denn dies ist ihre Weise. Jedenfalls belästigen mich ihre Worte und Träumereien und machen mir viel zu schaffen. Ich vertraue jedoch dem göttlichen Beistande, daß er mir Kraft verleihen werde, standhaft meinen Streit zu Ende führen, und daß er mir auch die rechten Gedanken und Worte dazu geben wird. – Ich bin fest überzeugt, ich werde nicht beschämt zurückstehen...

Mendelssohn an Elkan Herz

Berlin, 16. Nov. 1770 (Freitag, 28. Cheschwan 5531)

...Warum ich mich in Disput [mit Lavater] eingelassen, fragen Sie mich? Ich wollte nur, ich hätte mich etwas mehr eingelassen. Noch habe ich gottlob keine Reue darum. »Wer nur ein Hirn in seinem Schädel hat« begreift wohl, daß es abgeschmackte Reden waren. Wollte Gott! ich bekäme wieder eine solche Gelegenheit, so tue ich wieder, was ich dieses Mal getan habe. Hat mancher geglaubt, zu allem stillschweigen zu müssen; ich glaube es nicht. Wenn ich bedenke, was man zur Anerkennung der Heiligkeit unseres Glaubens zu tun schuldig ist, so begreife ich gar nicht, wie manche unserer Glaubensgenossen immer schreien, ich solle wanderte durch den Wald. Schließlich erreichte er eine Stelle, die tatsächlich der höchste Punkt der Erde zu sein schien. Tief unter ihm schimmerte das Meer in gleißendem Blau.

Hier hatte er endlich Ruhe – fern von allen Sorgen, hoch über der Welt. Er faltete seinen Mantel ordentlich zusammen, legte ihn auf einen Baumstumpf und setzte sich.

«Zweifellos weiß *le bon Dieu*, was er tut. Aber es ist komisch, dass er es sich gestattet hat, gewisse menschliche Wesen zu erschaffen. *Eh bien*, hier bin ich wenigstens für eine Weile weg von allen quälenden Fragen.» So oder ähnlich überlegte er.

Plötzlich fuhr er herum. Eine kleine Frau in braunem Mantel und Rock kam auf ihn zugelaufen. Es war Marjorie Gold, und diesmal verstellte sie sich nicht mehr. Ihr Gesicht war nass von Tränen.

Für Poirot gab es kein Entkommen. Schon stand sie vor ihm. «Sie müssen mir helfen, Monsieur Poirot! Mir ist so elend zumute, und ich weiß nicht, was ich tun soll. Ach, was mache ich nur? Was mache ich nur?»

Sie sah ihn mit gequältem Gesicht an und klammerte sich an seinen Ärmel. Dann, als sie seine abweisende Miene sah, wich sie betroffen ein wenig zurück.

«Was – was haben Sie?», stammelte sie.

«Wollen Sie meinen Rat, Madame? Fragen Sie mich um Rat?»

«Ja ... ja ...»

«*Eh bien* – ich geben ihn Ihnen.» Seine Stimme war schneidend. «Verlassen Sie die Insel - *ehe es zu spät ist.*»

«Wie bitte?» Sie starrte ihn verblüfft an.

«Sie haben es gehört. Verlassen Sie die Insel.»

«Die Insel verlassen?», echote sie.

«Genau das sagte ich.»

«Aber warum – warum?»

«Das ist mein Rat – *wenn Ihnen Ihr Leben lieb ist.*»

Sie seufzte. «Was meinen Sie damit?», rief sie. «Sie jagen mir Angst ein – ja, Sie machen mir Angst.»

«Genau das ist meine Absicht.»

Sie sank zu Boden und vergrub das Gesicht in den Händen.

«Aber das ist unmöglich! Er kommt nicht mit! Douglas würde nicht mitkommen. Sie würde es nicht zulassen. Sie hat zu viel Macht über ihn – über seinen Körper und seine Seele. Er duldet nicht, dass man etwas gegen sie sagt. Er glaubt ihr jedes Wort – alles! Dass ihr Mann sie schlecht behandelt… dass er sie missversteht, dass sie wehrlos ist… dass kein Mensch sie versteht. Er denkt schon gar nicht mehr an mich… ich zähle nicht… ich existiere für ihn nicht mehr. Ich soll ihm seine Freiheit wiedergeben, mich scheiden lassen. Er bildet sich ein, dass sie sich scheiden lässt und ihn dann heiratet. Aber ich glaube… Chantry wird sie nie hergeben. Er ist nicht der Typ. Gestern Abend zeigte sie Douglas die Druckstellen auf ihrem Arm… angeblich hat ihr Mann es getan. Douglas war außer sich. Er ist so ritterlich… ach, ich habe solche Angst! Was soll bloß werden? Sagen Sie mir, was ich tun soll!»

Hercule Poirot stand da und blickte über das Wasser bis zu der blauen Linie der Hügel des asiatischen Festlands.

«Das sagte ich schon. Verlassen Sie die Insel, *ehe es zu spät ist.*»

Sie schüttelte den Kopf.

«Ich kann nicht – ich kann nicht… nur wegen Douglas…»

Poirot seufzte und zuckte mit den Schultern.

«Das Dreieck wird immer deutlicher», sagte Pamela Lyall nicht ohne eine gewisse Befriedigung. Sie und Hercule Poirot saßen am Strand. «Gestern Abend, als die drei zusammen waren, belauerten sich die Männer ständig. Chantry hatte zu viel getrunken. Er hat Gold richtig beleidigt. Gold benahm sich sehr ordentlich und verlor nicht die Beherrschung. Diese Valentine genoss die Situation, klar. Schnurrte wie eine menschenfressende Tigerin, und das ist sie ja auch. Was glauben Sie, Monsieur Poirot – was passiert nun weiter?»

«Ich fürchte, ich fürchte…» Poirot schüttelte den Kopf.

«Ja, ja, wir alle machen uns Sorgen», antwortete Miss Lyall scheinheilig. Und fügte hinzu: «Aber die Sache fällt mehr in *Ihr* Fach. Oder vielmehr *wird* in Ihr Fach fallen. Können Sie denn nichts unternehmen?»

«Ich habe getan, was in meiner Macht steht.»

Miss Lyall beugte sich eifrig vor. «Was haben Sie denn unternommen?», fragte sie mit einem angenehmen Schauder.

«Ich riet Mrs. Gold abzufahren, ehe es zu spät sei.»

«Hm – aha – Sie glauben also…» Sie schwieg.

«Nun, Mademoiselle?»

«Also, Sie glauben, dass *das* passieren wird!», sagte Pamela zögernd. «Aber er kann doch nicht… so was würde er nie… Er ist so reizend, wirklich. Daran ist nur diese Chantry schuld. Er würde nie… niemals –»

Sie schwieg. Und dann meinte sie leise:

«*Mord?* Ist das – wirklich, denken Sie tatsächlich an so was?»

«Jemand denkt dran, Mademoiselle. Das kann ich Ihnen versichern.»

Pamela fröstelte plötzlich. «Ich glaube es nicht», erklärte sie.

Die Reihenfolge der Ereignisse in der Nacht vom neunundzwanzigsten Oktober war völlig klar.

Es fing an mit einem Streit zwischen den beiden Männern – Gold und Chantry. Chantrys Stimme wurde lauter und lauter. Seine letzten Worte wurden von vier Personen gehört – dem Mann am Empfang, dem Direktor, General Barnes und Pamela Lyall.

«Sie verdammtes Schwein! Wenn Sie und meine Frau glauben, Sie können mich reinlegen, dann irren Sie sich! *Solange ich lebe*, bleibt Valentine meine Frau!»

Dann war er mit wutverzerrtem Gesicht aus dem Hotel gestürzt.

Die Auseinandersetzung fand vor dem Abendessen statt. Danach versöhnte man sich wieder. Wie das arrangiert wurde, wusste kein Mensch. Valentine bat Marjorie Gold, eine Mondscheinfahrt im Auto mit ihr zu machen. Pamela und Sarah kamen mit. Gold und Chantry spielten Billard. Danach gesellten sie sich zu Hercule Poirot und General Barnes, die in der Halle saßen.

Chantrys Gesicht verzog sich – eigentlich zum ersten Mal – zu einem Lächeln. Er schien guter Laune zu sein.

«War es ein spannendes Spiel?», fragte der General.

«Der Bursche ist viel zu gut», sagte der Kapitän. «Er gewann haushoch.»

Douglas Gold spielte den Bescheidenen.

«Reine Glückssache. Glauben Sie mir. Was möchten Sie trinken? Ich geh mal den Kellner suchen.»

«Für mich Pink Gin, vielen Dank.»

«Gut. Und Sie, General?»

«Danke. Whisky mit Soda.»

«Für mich das Gleiche. Und Sie Monsieur Poirot?»

«Sie sind sehr freundlich. Ich möchte einen *sirop de cassis.*»

«Einen Sirup aus was?»

«*Sirop de cassis.* Saft aus schwarzen Johannisbeeren.»

«Ach, einen Likör! Ich verstehe. Haben die den hier überhaupt? Ich habe nie davon gehört.»

«Sie haben ihn, ja. Aber es ist kein Likör.»

«Klingt merkwürdig», sagte Gold und lachte. «Aber jedem sein eigenes Gift! Ich werde mal bestellen.»

Chantry setzte sich. Obwohl er von Natur aus kein gesprächiger oder umgänglicher Mensch war, gab er sich eindeutig die größte Mühe, freundlich zu sein.

«Seltsam, wie man sich daran gewöhnen kann, ohne die neuesten Nachrichten auszukommen», stellte er fest.

«Ich kann nicht behaupten, dass eine vier Tage alte *Continental Daily Mail* mich sehr interessiert!», brummte der General. «Natürlich lasse ich mir die *Times* nachschicken. Und den *Punch* bekomme ich jede Woche. Aber es dauert verteufelt lange, bis sie eintreffen.»

«Ich frage mich, ob wir wegen der Palästinafrage allgemeine Wahlen bekommen?»

«Die ganze Angelegenheit ist ziemlich verfahren», erklärte der General. Da tauchte Douglas Gold wieder auf, gefolgt von einem Kellner mit den bestellten Drinks.

Der General erzählte eine Geschichte aus seiner militärischen Karriere in Indien, im Jahr 1905. Die beiden Engländer hörten ihm höflich zu, wenn auch ohne großes Interesse. Hercule Poirot schlürfte seinen *sirop de cassis.*

Der General kam zur Pointe seiner Geschichte, und man lachte pflichtschuldig.

Da tauchten die Damen im Hoteleingang auf. Alle vier schienen bester Stimmung zu sein. Sie redeten und lachten.

«Tony, Liebling, es war herrlich», rief Valentine, während sie sich neben ihn in einen Sessel fallen ließ. «Eine glänzende Idee von Mrs. Gold! Ihr hättet alle mitkommen sollen!»

«Was möchtest du trinken?», fragte ihr Mann. Dann sah er fragend in die Runde.

«Für mich Pink Gin, Liebling», sagte Valentine.

«Ich möchte Gin mit Ingwerbier», erklärte Pamela.

«Einen Sidecar», bestellte Sarah.

«In Ordnung.» Chantry erhob sich und schob seinen unberührten Pink Gin seiner Frau zu. «Trink ihn. Ich bestell für mich einen neuen. Was möchten Sie, Mrs. Gold?»

Mrs. Gold ließ sich gerade von ihrem Mann aus dem Mantel helfen. Sie wandte sich um und sagte: «Könnte ich bitte eine Orangeade haben?»

«Kommt sofort. Eine Orangeade.»

Er ging zur Tür. Mrs. Gold lächelte zu ihrem Mann auf.

um des Himmels willen nicht mehr davon schreiben. Auch habe ich es, weiß Gott, nicht gern getan, daß ich mich vom Disput losgemacht habe; mein eigner Wille trat gegen den Willen anderer zurück. Wäre es nach mir gegangen, so hätte ich eine ganz andre Antwort geben wollen...

Übrigens bin ich immer

Ihr Freund
Moses Dessau

Mendelssohn an Lavater

Berlin, den 14. April 1775

Verehrungswürdiger Menschenfreund!
Mit dem ungeheuchelten Zutrauen, das ich in Ihre menschenfreundliche Denkungsart zu setzen niemals aufgehört habe, wende ich mich an Sie, mein teuerster Freund! in einer Angelegenheit, die die meinige ist, weil sie meine Glaubensbrüder, aber auch Ihnen nicht fremde ist, weil sie Menschen angehet. Es betrifft eigentlich die wenigen Juden, die in der Schweiz, zu Lengly [Lengnau] und Endingen geduldet werden. Von den besonderen Umständen dieser Leute und von den Bedingungen, unter welchen man ihnen den Aufenthalt daselbst vergönnt, ist mir zwar nichts umständlich bekannt, allein aus der allgemeinen Denkungsart gegen meine Nation, die fast allenthalben wie Fremdlinge auf dem Erdboden Gottes angesehen werden, und aus der besonderen Lage der Sache in Ihrem Vaterlande, kann ich mir von der kümmerlichen Subsistenz derselben eine ungefähre Vorstellung machen. Und wie ich höre, gehet die Obrigkeit, unter welcher sie stehen, eben jetzt damit um, sie noch näher einzuschränken und unter andern drückenden Bedingungen ihnen das Fortpflanzen und Vermehren, das erste Gebot des Schöpfers an die Menschen, zu verbieten. Die guten Leute, davon mir einige, und unter andern vornehmlich der Rabbi, als rechtschaffene Männer dem Ruf nach bekannt sind, melden mir, daß Sie, verehrungswerter Menschenfreund!

durch Ihren Einfluß auf Ihre Mitbürger in Zürich vieles zu ihrer Erhaltung und ihrem Wohle beitragen können, und weil sie von der Freundschaft gehört, deren wir uns gegenseitig öffentlich versichert haben, so nehmen sie ihre Zuflucht zu mir und bitten mich um ein Vorwort zu ihrem Besten.

Nun wünschte ich sehr, meine Mitbrüder versichern zu können, daß sie weder von Ihrem Einflusse auf Ihre Mitbürger, noch von dem freundschaftlichen Verhältnisse zwischen uns sich unrichtige Vorstellungen gemacht, und beschwöre Sie, teuerster Menschenfreund, daß Sie sich dieser bedrängten Menschenkinder annehmen und durch Ihr Ansehen und Ihre Überredungskraft ihnen wenigstens ihre althergebrachten Freiheiten zu erhalten suchen. Diese Handlung ist Ihrer würdig und führte also ihren Dank mit sich; allein Sie verbinden auch zu gleicher Zeit zur beständigen Dankbarkeit

Ihren unveränderlichen Freund und Verehrer

Mendelssohn

Durch Lavaters Eingreifen wurde das Heiratsverbot aufgehoben.

Menschen! Menschen! Wohin habt ihr es kommen lassen

Christen bitten Mendelssohn um Hilfe in Gewissensfragen

MENDELSSOHN AN FR. MAURUS WINKOPP
(Benediktiner auf dem Petersberge bei Erfurt)

24. März 1780

Haben Sie den verbindlichsten Dank für das ungemeine Vergnügen, das Sie mir durch Ihre Zuschrift vom 1. dieses Monats verursacht haben. Wenn es ein verdienstliches Werk ist, nützliche Wahrheiten bekannt zu machen und auszuarbeiten, so ist auch die Erweckung eines Geistes wie des Ihrigen die süßeste Belohnung, welche man dafür einernten kann. Ich bin schon öfter so glücklich gewesen, in den verborgensten und für mich unzugänglichsten Winkeln und Zellen Gemüter gefunden zu haben, die mit mir vollkommen gleichstimmig denken. Je entfernter und abgesonderter wir dem Fleische nach waren, desto inniger waren wir dem Geiste nach verbunden. Mir war allezeit so zumute, als wenn ich in dem Kloster de la Trappe plötzlich einen Bruder wiedergefunden hätte, den ich so lange tot geglaubt...

Daß die Folgen der Sünden ewig sind, gebe ich zu; denn die Folgen aller Gründe dauern ewig. Aber dieses gilt nur von den natürlichen Folgen, nicht von den willkürlichen, wie jene behaupten; und auch die natürlichen Folgen der Sünden sind nicht ewiges Elend, denn sie können vom Guten dereinst überwogen werden.

Und dieses ist meine Hoffnung. Die Folgen meiner Sünden werden in ewigen Zeiten fortdauern, und Spuren zurücklassen, daraus sie zu erkennen sein werden. Aber sie werden mich nicht auf ewig elend machen. Sie werden vielmehr dereinst vom Guten überwogen werden. Die Empfindung des Guten wird dereinst herrschend in meiner Seele, und ich, so wie Sie und alle unsere Brüder, die Menschen, auf ewig selig sein…

MENDELSSOHN AN WINKOPP

28. Juli 1780

Ihr liebes freundschaftliches Schreiben vom 24. April liegt hier, seitdem ich es erhalten, beständig vor meinen Augen; mehr als dreimal habe ich es, unter mancherlei Betrachtungen gelesen: und gleichwohl wähle ich mir erst heute, beinahe am Ende des Julius, eine schöne Morgenstunde, dieses freundschaftliche Schreiben zu beantworten. Soll ich mich entschuldigen? Werde ich es auch können? Alles, was in solchen Fällen gültige Entschuldigung zu sein pflegt, trifft bei mir zwar wirklich zusammen: Krankheit, Reisen, häusliche Zerstreuung, unausweichliche Hindernisse; – und gleichwohl sind alle diese Behelfe schon so abgenutzt, daß sie keinen Glauben mehr finden. Was mir aber in der Tat jetzt wehe zu tun anfängt, ist der Gedanke, daß mein Schweigen Ihnen vielleicht manche unruhige Stunde gemacht haben kann. Sie können befürchtet haben, Ihr Schreiben sei in unrechte Hände geraten. Sie können vielleicht – – Ach! vergeben Sie mir, bester Winkopp! wenn dieses der Fall sein sollte. Vergeben Sie mir! Sie haben Ihr Vertrauen an keinen Unwürdigen verschwendet; an einen Nachlässigen vielleicht geschenkt, der es nicht so bald überlegte, was ein jugendliches, offenherziges Gemüt empfinden muß, wenn seine Freimütigkeit dem Anscheine nach mit Kaltsinn aufgenommen wird. Vergeben Sie mir und sagen Sie mir gar bald, daß Sie sich beruhigen, und daß Sie mich nichtsdestoweniger lieben.

Wie gar verschieden sind doch die Verbindungen zwischen den Geistern der Menschen von denjenigen Verbindungen, die Stand und Religion und bürgerliche Verfassung, und Gewohnheit und Vorurteil, und Stolz und Eitelkeit zwischen ihnen gestiftet! An einem Orte, den ich mit keinem Fuße berühren darf, ohne ihn in den Augen seiner Bewohner zu entheiligen, lebt ein Mann, welcher dem Geiste nach mein Bruder ist. Allhier in diesem sogenannten duldsamen Lande lebe ich gleichwohl so eingeengt, durch wahre Intoleranz so von allen Seiten beschränkt, daß ich meinen Kindern zu Liebe mich den ganzen Tag in einer Seidenfabrik, – so wie Sie sich in einem Kloster – einsperren muß; und den Musen nicht so fleißig opfern darf, als ich es wünsche, weil es mein Prior nicht zugeben will. *Ich ergehe mich zuweilen des Abends mit meiner Frau und meinen Kindern. Papa! fragte die Unschuld, was ruft uns jener Bursche dort nach? warum werfen sie mit Steinen hinter uns her? was haben wir ihnen getan? – Ja, lieber Papa, spricht ein anderes, sie verfolgen uns immer in den Straßen und schimpfen: Juden! Juden! Ist denn dieses so ein Schimpf bei den Leuten, eine Jude zu sein? Und was hindert dieses andere Leute? – Ach! ich schlage die Augen unter, und seufze mit mir selber: Menschen! Menschen! wohin habt Ihr es endlich kommen lassen?*

Weg von diesen Betrachtungen! Sie machen mich zu unmutig. Ich beantworte lieber den Zweifel, den Sie sich über eine Stelle im Phädon machen.

Winkopp an Marcus Herz

Zürich, 19. Febr. 1786

Hochzuverehrender Herr!

Der Oberst von Scholten hat mich wissen lassen, daß Ew. Hochedelgeboren eine Lebensbeschreibung von dem verewigten, glücklicheren Herrn Moses Mendelssohn aufzusetzen geneigt seien, und deshalb auch meine Geschichte und die von ihm an mich erlassenen Zuschriften zu besitzen wünschten.

Ich bin so frei, Ihnen hier alles dahin Gehörige zu übermachen. Nur muß ich recht inständigst bitten, meine Briefe nicht drucken zu lassen, es sei denn, daß Sie mir solche vorher kommunizierten. Es stehen verschiedene Dinge darin, deren Bekanntmachung mich jetzt unglücklich machen könnte; und dazu kenne ich Ihr edles Herz zu gut, als daß ich dies zu befürchten haben sollte. Wollen Dieselben aber mir diese Briefe zusenden, so will ich einige Stellen ausstreichen, und dann können sie im Publikum erscheinen: wodurch freilich die Mendelssohnschen Briefe besser verstanden werden können und wichtiger werden.

Auch das muß ich noch sagen: ich lebte in Berlin nicht immer so tugendhaft, als ich wohl hätte sollen, und jetzt leben würde. Herr Moses Mendelssohn, dem keine meiner Handlungen verhohlen blieben, suchte mich zu bessern; aber er sagte mir sehr oft, daß mein Feuer erst abgekühlt sein müßte, ehe ich Hoffnung zu fester Tugend erlangen könnte; und hatte oft Mitleiden mit mir, wenn ich verirrt war und nun ihm, als meinen Beichtvater, meine Sünden bekannte. Jetzt genieße ich aber erst die Wohltaten der Mendelssohnschen Lehren und Freundschaft, und werde ihm lebenslänglich danken.

Winkopps Lebensbeschreibung
(von ihm selbst aufgesetzt)

Als ich in meinem 20. oder 21. Jahre aus dem Noviziat im Peterkloster zu Erfurt heraustrat, sogenannter Frater studens ward, und bei dem Klosterlektor P. Baeda Leiden Philosophie hörte, so entstiegen meiner Seele ganz neue Begriffe. Ich fing an, über mich, über die mich umgebenden Dinge und über die mannigfaltigen Verhältnisse auf dieser Erde Betrachtungen anzustellen; und es entstand in mir ein unwiderstehlicher Hang zur Weltweisheit. Ich las den Plato und fuhr fort, die größten Weltweisen bis zu den neueren zu lesen. Nichts war natürlicher, als daß in mir Zweifel gegen gewisse angenommene Wahrheiten des katholischen Lehrsystems entstanden. – Um diese Zeit gab mir der ehemalige Professor Kellner Moses Mendelssohns Phädon in die Hände. Durch dieses Buch ging mit mir eine gänzliche Veränderung vor; und ich befand mich in der unglücklichsten Lage, nämlich in einem Meere von Zweifeln, die mich marterten. Gerade damals kamen die Herren von Bose und von Eberstein ins Kloster nach Erfurt und logierten 6 Wochen da. Ich ward gar bald Freund von ersterem, und entdeckte ihm noch als Mönch meine Zweifel. Er war eben so schwach, sie zu heben, als ein anderer angesehener Lehrer der Weltweisheit: und riet mir, mich dem Philosophen zu entdecken, der mich ohne seine Schuld in dieses Labyrinth gestürzt hatte. Ich schrieb an Herrn Moses, und Herr von Bose besorgte den Brief, worauf ich die Antwort unterm 24. März 1780 erhielt. Die angegebenen Gründe machten, daß ich der Sache tiefer nachdachte, und Herrn Eberhards Apologie las. Nun wurden meine Zweifel zerstreut; und ich gewann den Philosophen so lieb, daß ich ihm mein ganzes Herz enthüllte, worauf der zweite Brief vom 28. Juli erfolgte. Meine Antwort hierauf machte, daß Herr Mendelssohn sich über Religion und Religionssystem in einem zwei Bogen starken Briefe unterm 13. September 1870 ganz deutlich erklärte. Dieser Brief gab den Stoff zu sehr vielen Unterredungen, teils auf seinem Studierzimmer, teils und besonders in seinem Garten bei der Oranienburger Landwehr neben dem Graf Reußschen Garten. Diese Unterredungen habe ich, sowie ich nach Hause kam, allezeit aufgeschrieben, und er hat dann und wann die Gefälligkeit gehabt, sie zu revidieren. Diese Gespräche hat er mir nach seinem Tode zu publizieren erlaubt. Allein da ich in diesen Gesprächen selbst als ein unkatholisch-freimütiger Mann erscheine, und meine Verhältnisse mir nicht gestatten, jetzt so zu erscheinen, da ich mich noch immer zur katholischen Religion bekenne; so kann ich solche vor der Hand weder kommunizieren, noch drucken lassen. Indessen ist es mir sehr gleichgültig, wenn in der Lebensbeschreibung dieser von ihm selbst revidierten Unterredungen, welche größtenteils über die Bestimmung und die Hoffnungen des Menschen sind, gedacht, – und gesagt wird, daß ich sie in Händen habe und vielleicht in folgenden Zeiten bekannt mache. Auch bekenne ich ganz gern, daß Mendelssohns Weisheitslehren in Berlin auf mich nicht so starken Eindruck machten, daß ich bei heftigen Leidenschaften denselben jederzeit hätte Einhalt tun können. Jetzt wirken sie aber um so stärker; und ich genieße einer Ruhe und Glückseligkeit, die ich bloß Herrn Moses zu danken habe. Bin ich tugendhaft, wie ich mir schmeichle, so bin ich es bloß durch Mendelssohns Lehren und Grundsätze. – Da ich in so mannigfaltigen Verhältnissen und Krisen stehe, so muß ich recht inständigst bitten, zu bewirken, daß meine Briefe an Herrn Mendelssohn nicht gedruckt werden. Ich war auch damals noch viel zu jung, als daß ich etwas Zusammenhängendes hätte denken können. An meinem Austritt aus dem Kloster hatte er nicht den entferntesten Anteil; ganz andere Ursachen bewirkten diesen. Er nahm mich aber liebevoll auf und ich genoß in seinem Umgange die glücklichsten Stunden. Oft bedauerte er mich, daß ich von der Vorsicht zu viel Feuer, zu viel Leidenschaften erhalten; und er hat richtig geweissagt, daß diese mir solange bittere Tage und trübe Stunden machen würden, bis Philosophie dies Feuer und diese Leidenschaften geschwächt haben würden. Dieses ist nun geschehen...

Der Mann von Stande

Berlin, den 23. Jan. 1770

Es ist mir die Anlage von einem Manne vom Stande, und den ich als einen Menschenfreund kenne und liebe, zur Bestellung zugesandt worden; doch mit dem Begehren, seinen Namen zu verschweigen, es sei denn, daß nach der Durchlesung Dieselben ihn zu wissen verlangten. Die beliebige Antwort werde ich richtig besorgen.

(Koes an Mendelssohn)

Ein Mann von Stande an Mendelssohn

Hochzuverehrender Herr Moses Mendelssohn!

Große Männer sind besonderen Vorfällen ausgesetzt. Die Ausforderung des guten Herrn Lavater hat Sie notwendig sehr befremden müssen; die gegenwärtige, die in einem ganz andern Geschmack ist, wird Ihnen vielleicht noch sonderbarer, wo nicht gar abenteuerlich vorkommen: sie ist indessen wenigstens so gut, so aufrichtig gemeint wie möglich; Menschenliebe hat den Gedanken eingeflößt.

Eröffnen Sie, wertester Herr Moses, die Beilage; jedoch unter einer Bedingung, für welche die Denkungsart eines so würdigen Mannes, wie Sie sind, mir die Bürgschaft leistet. Die Bedingung besteht darin, daß Sie, wer ich sei, sich nicht auszuforschen bemühen werden; hauptsächlich aber niemals von dem Inhalte jemanden, wer es auch sein möge, etwas entdecken wollen, im Falle derselbige Ihnen ein törichter Einfall zu sein vorkommen sollte, oder auch nur Ihnen auszuführen unmöglich schiene. Die väterliche Liebe verblendet uns gar zu oft über die Gestalt der von uns gezeugten Mißgeburten; wie leicht könnte es mir diesmal so gegangen sein? Indessen ist die Sache von solcher Beschaffenheit, daß wenn Sie das Urteil fällen, daß es eine Mißgeburt sei, ich aller väterlichen Liebe ungeachtet, mich völlig davon überzeugt finden werde. Sie können es mir dreist also eröffnen, was Sie davon denken; und gewiß versichert sein, daß auch die höchste Mißbilligung von dero Seiten nicht im allergeringsten die Hochachtung und Bewunderung vermindern werde, mit der ich jederzeit verbleibe

Dero dienstergebener,
obgleich unbekannter Verehrer

Die oben erwähnte Beilage ist nicht erhalten geblieben. Wie aus Mendelssohns Antwort hervorgeht, hatte sie das Projekt eines Judenstaates zum Inhalt, der auf palästinensischem Boden errichtet werden solle.

MENDELSSOHN AN EINEN MANN VON STANDE

Berlin, den 26. Jan. 1770

Ich muß gestehen, daß ich von der politischen Verfassung der Staaten nicht mehr weiß, als man etwa durch den gemeinen Umgang mit Leuten, die nicht sehr über meinen Stand erhaben sind, lernen kann. Wie kann ich also ein Projekt beurteilen, das die tiefsten Kenntnisse der Statistik voraussetzt?

Überhaupt genommen, scheint mir die Idee groß, und in einem Geiste entstanden zu sein, der sich seiner Kräfte bewußt ist. Der Eifer für die Toleranz, der Abscheu vor der Hierarchie, und die Gesinnungen in Absicht auf Religion und Sitten beweisen, daß der Verfasser so weise als groß zu denken gewohnt ist.

Selbst die Zuversicht, mit welcher derselbe von der Ausführung eines so kühnen Unternehmens spricht, hat mir für dessen Charakter eine nicht gemeine Hochachtung eingeflößt.

Die Kühnheit meines Geistes, wenn ich anders etwas davon besitze, erstreckt sich bloß auf spekulative Dinge. Im Praktischen bin ich stets in einer allzuengen Sphäre eingeschränkt gewesen, als daß ich die Fertigkeit hätte erlangen können, mich zu großen Dingen zu erheben und über gemeine Schwierigkeiten hinwegzusehen. Wer kann seiner Größe eine Spanne zulegen?

Die größte Schwierigkeit, welche mir dem Projekte im Wege zu stehen scheint, ist der Charakter meiner Nation. Sie ist nicht vorbereitet genug dazu, irgend etwas Großes zu unternehmen.

Der Druck, unter welchem wir seit so vielen Jahrhunderten leben, hat unserm Geiste alle vigueur benommen. Es ist nicht unsere Schuld; allein wir können nicht leugnen, daß der natürliche Trieb zur Freiheit in uns alle Tätigkeit verloren hat. Er hat sich in eine Mönchstugend verändert, und äußert sich bloß im Beten und Leiden, nicht im Wirken.

Ich verspreche mir sogar von meiner so sehr zerstreuten Nation den Geist der Vereinigung nicht, ohne welchen der überlegteste Entwurf scheitern muß.

Von der andern Seite scheint mir auch die Unternehmung unermeßliche Summen zu erfordern; und ich, der ich weiß, daß der Reichtum meiner Nation mehr in Kredit als in wirklichem Vermögen besteht, kann nicht glauben, daß ihre Kräfte hinreichen, solche zu erschwingen: wenn auch übrigens die Begierde zur Freiheit noch so große, und die Liebe zum glänzenden Metalle noch so geringe Gewalt über sie haben sollte.

Alle diese Schwierigkeiten ungerechnet, scheint mir ein solches Projekt nur alsdann ausführbar zu sein, wenn die größten Mächte Europas in einen allgemeinen Krieg verwikkelt sind, und jede für sich zu sorgen hat. In der Ruhe, in welcher sie dermalen leben, kann eine einzige eifersüchtige Macht (und deren würden nicht wenige sein) das Projekt scheitern machen. Die unglücklichen Kreuzzüge scheinen diese Besorgnisse nur zu sehr zu rechtfertigen.

Ich sende also die mir anvertrauten Papiere mit der feierlichsten Angelobung eines ewigen Stillschweigens hiermit zurück. Die natürliche und in jedem anderen Falle nicht unlöbliche Begierde, eine Person, die man hochachten muß, näher zu kennen, verspreche ich gleichfalls zu unterdrücken.

Moses Mendelssohn

Über die Rückkehr nach Palästina

Die von Mendelssohn angeregte Denkschrift des Kriegsrats Chr. v. Dohm »Über die bürgerliche Verbesserung der Juden« war von dem Göttinger Theologen Michaelis, Mendelssohns altem Widersacher, abfällig beurteilt worden.

Die gehoffte Rückkehr nach Palästina, die Herrn M. [Michaelis] so besorgt macht, hat auf unser bürgerliches Verhalten nicht den geringsten Einfluß. Dieses hat die Erfahrung von jeher gelehrt, an allen Orten, wo Juden bisher Duldung genossen; und es ist einesteils der Natur des Menschen gemäß, der, wenn er nicht Enthusiast ist, den Boden liebt, auf welchem ihm wohl ist, und wenn seine religiösen Meinungen dawider sind, diese für die Kirche und die Gebetsformel versparet, und weiter nicht daran denkt, andernteils aber der Vorsorge unserer Weisen zuzuschreiben, die uns den Verbot im Talmud sehr oft eingeschärft, an keine gewaltsame Rückkehr zu denken; ja ohne die in der Schrift verheißene große Wunder und außerordentliche Zeichen nicht den geringsten Schritt zu tun, der eine gewaltsame Rückkehr und Wiederherstellung der Nation zur Absicht hätte. Diesen Verbot haben sie auf eine etwas mystische, doch sehr einnehmende Weise durch den Vers im Hohenliede ausgedrückt (Kap. 2, V. 7 und Kap. 3, V. 5).

Ich beschwöre Euch,
Töchter Jerusalems!
Bei den Hirschen,
Bei den Hinden des Waldes.
Daß Ihr nicht wecket

Und nicht rege machet
Die Liebe,
Bis es ihr gefällt.

Daher sind auch alle Anschläge, die die Projektmacher Langallerie u. a. seines Gelichters auf die Beutel der reichen Juden gehabt haben, noch immer ohne Wirkung, und wenn sie selbst auch anderes ausgesagt haben, leerer Wind gewesen.

(Mendelssohn)

Eine jüdische Heimstätte

Rathenow, den 15. Febr. 1785

Mein Herr!

Ein Mann wie Sie, dessen herrliche Schriften Deutschlands Bewunderung und Dankbarkeit verdienen, muß so an Beweise von Zutrauen und Achtung gewöhnt sein, daß ihm auch ein unbekanntes Opfer dieser Gesinnungen nicht befremdend sein kann. Erlauben Sie mir demnach, mein Herr, Ihnen durch einige Zeilen einen Beweis meiner Hochachtung gegen Sie zu geben, und Ihren Rat in einer Sache zu erbitten, deren Wichtigkeit dem Philosophen und Menschenfreund unleugbar ist.

Es bietet sich eine Gelegenheit dar, ein am Ufer eines der größten Flüsse Deutschlands belegenes, kleines, völlig souveränes Ländchen käuflich an mich zu bringen. Der ganze Distrikt, der etwa aus 300 Morgen Weideland besteht, hat nur einen Pachteinwohner; folglich ist es ein ganz wüstes, noch unverdorbenes Ländchen, wo keine Gebräuche, Gewohnheiten und Privilegien irgendeiner Anlage im Wege stehen. Mein Wille ist, diese Vorzüge zu nutzen, das Ganze in eine Stadt umzuschaffen, und dort ein kleines, wohl das kleinste unter allen Völkchen, aber desto glücklicheres und wohlhabenderes, anzuziehen. Tausend Pläne sind mir schon durch den Kopf gegangen, ohne mich an einen halten zu können; endlich ist mir einer reizender vorgekommen, und den unterwerfe ich Ihrer Einsicht. Ihre Nation, mein Herr, ist in der ganzen Welt mehr oder weniger unterdrückt; in keinem Lande genießen Sie bürgerliche Rechte, in allen ist Ihnen die Zuziehung zu öffentlichen Ämtern und Geschäften versagt. Wollen nun etwa hundert Familien Ihrer Nation zu mir kommen, so sollen sie die Hälfte des zur Stadt bestimmten Grundes erb- und eigentümlich, gegen einen mäßigen Grundzins und eine dem Werte des Grundes proportionierliche Summe, haben; die andere Hälfte gebe ich Christen, weil Ihre Leute sich mit vielen Sachen nicht abgeben, die doch notwendig sind. Die Landeshoheit und einige Vorzüge behalte ich. Keine Lasten; Akzisen und dergleichen nie; – eine Art von Magistrat, welcher aus einer gleichen Anzahl Juden und Christen bestehen soll und in welchem ich den Vorsitz behalte, soll alles bestimmen, was zur Unterhaltung der öffentlichen Bedienungen und Gebäude erfordert wird. Kurz, der Punkt und die ganze innere Verfassung, welche die Rechte der Untertanen und des Herrn auf ewig bestimmt, soll festgesetzt werden, sobald ich mit einer gewissen Anzahl Familien kontrahieren kann; denn mit einzelnen würde ich mich nicht einlassen. – Ich rechne, daß 300–400 Häuser Platz hätten; die Hälfte also für Juden. Zum Handel ist wohl keine bessere Gelegenheit in Deutschland; Freiheiten werden nirgend mehr gegeben werden. Mit Ihnen, wenn Sie sich der Sache annehmen wollen und Wahrscheinlichkeiten zum glücklichen Ausgang sehen, werde ich den näheren Plan und eine gewisse Art von Regierungsform ausarbeiten.

Reichtum verlange ich nicht dadurch zu erlangen; nur Gelegenheit, einige Menschen glücklich zu machen, und die Gewißheit der Welt zu geben, daß doch noch ein Fleckchen auf dem Erdboden ist, wo wahre Freiheit ist, wo der Mensch denken und sagen darf, was er will. – Überlegen Sie, mein Herr, diesen Plan; aber ich verlange Verschwiegenheit. Wie glücklich würde ich mich schätzen, wenn er Ihren Beifall erhielte! Ich habe nicht das Vergnügen, Sie persönlich zu kennen; nur Ihre Schriften haben mir das Zutrauen eingeflößt, Ihnen meinen Plan bekannt zu machen. Sie wollen das Wohl der Menschheit; ich auch. So klein die Anzahl derjenigen ist, deren Glück in dem kleinen Winkel gemacht werden kann, so heilig ist sie uns; und wohl dem, dem die Vorsehung eine solche Gelegenheit darbietet! Von Jugend auf war mein Wunsch, so der Stifter einer kleinen glücklichen Gesellschaft zu sein; und Sie wissen, wie wenig das möglich ist, wenn man Untertan ist. Nie wird wohl eine solche Gelegenheit sich wiederfinden; und wie sehr würde ich es bereuen, sie nicht genützt zu haben.

Versichern Sie sich unterdessen der uneingeschränkten und aufrichtigen Hochachtung

Ihres ergebenen Dieners Reichsfreiherrn von Monster, Ihrer Königlichen Hoheit der Herz. in York Geh. Rat, Ritter verschiedener Orden

Berlin, den 21. Febr. 1785

Hochgeborner Herr!
Gnädiger Herr Reichsgraf!
Ew. Exzellenz bin ich für das Zutrauen, das Sie in mich setzen, unendlich verbunden. Um aber völlig dessen würdig zu sein, bitte ich um die Erlaubnis, Ihren großen Gedanken einer Gesellschaft aufgeklärter Freunde anvertrauen zu dürfen, für deren Verschwiegenheit ich einstehen kann, deren Einsichten und Weltkenntnis aber ich mehr zutraue als der meinigen. Soviel Vergnügen mir auch der Entwurf überhaupt gemacht hat, so weiß ich mir doch so manche Fragen gar nicht zu beantworten; und ich schreibe dies bloß meiner Unerfahrenheit in Geschäften und Unternehmungen dieser Art zu.

Ich kann mir z. B. nicht erklären: 1. warum Ew. Exzellenz aus dem Vorschlage ein Geheimnis machen, und was Sie etwa von der Bekanntmachung desselben zu befürchten haben?

2. wie sich das Freiheitssystem, das Sie errichten wollen, bei Ihrem kleinen Häuflein ohne Unterstützung und Verbindung aufrechterhalten soll? 3. warum Sie gerade auf eine bestimmte Anzahl von Christen und Juden bestehen? 4. warum Sie mit diesen Kontrakte schließen müssen?

Wenn ich meiner Einsicht nach zu raten hätte, so würde ich ohne Umstände raten, zu Werke zu schreiten, den Plan öffentlich bekannt zu machen, und anzuzeigen, unter welchen Bedingungen Sie bereit wären, ohne Unterschied des Glaubens und Nichtglaubens jeden unbescholtenen Mann in Ihrem kleinen Staate zum Staatsbürger aufzunehmen und mit gleichem Recht an allen öffentlichen Wohltaten teilnehmen zu lassen. Ich setze zum voraus, daß Sie von seiten des Königs und des Reichs gesichert sind und von keiner benachbarten Macht etwas zu befürchten haben, und daß Sie dafür die Gewähr zu leisten imstande sind; so werden sich Subjekte genug finden, die sich Ihnen in die Arme werfen, und die Bedingungen, welche Sie ihnen vorschreiben, herzlich gern annehmen werden. Ich glaube, daß aus Holland allein die erforderliche Anzahl sich in kurzem einfinden wird. Sie mögen dann sich anbauen, und mag die Stadt auf eine natürliche Weise nach und nach entstehen; oder sie mögen mit vereinigten Kräften gleich anfangs eine Stadt anlegen. Ich sehe nicht ab, warum Ew. Exzellenz so schlechterdings auf das letztere bestehen.

Wollen dieselben der Mühe überhoben sein, auf diese und dergleichen Fragen zu antworten, so wiederhole ich meine Bitte, die Sache mit meinen Freunden in Überlegung nehmen zu dürfen. Nachteil haben Ew. Exzellenz davon sicherlich nicht zu befürchten, wohl aber bessere Ratschläge und wohltätigere Hilfsleitung von diesen sich zu versprechen als von

Dero untertänigem Diener
Moses Mendelssohn

Ein Landgeistlicher

So z. B. erzählte Mendelssohn einmal, da das Gespräch auf die Ontologie kam, eine Geschichte, die ebenso angenehm als merkwürdig war. »Es ist eine vortreffliche Sache«, sagte er, »um die ganze Philosophie, besonders aber um die Ontologie, weil einem diese zuweilen ein Nachtlager verschafft. – Mir hat sie einmal zu einem guten Nachtlager geholfen, da ich mich schon darein begeben hatte, die Nacht in meinem Wagen unter freiem Himmel zuzubringen.«

Alle waren sehr neugierig zu hören, wie dieses möglich sein könnte, und Mendelssohn fuhr daher in seiner Erzählung fort: »Ich wurde einmal auf der Reise genötigt, in einem kleinen Dorfe zu übernachten, wo kein ordentlicher Gasthof war. Das Wetter war sehr unfreundlich und wie ich erfuhr, daß ein Prediger in diesem Dorfe wohnte, schickte ich zu diesem und ließ mich bei ihm als einen Gelehrten aus Berlin anmelden und um ein Nachtlager bitten. Der Prediger ließ sich zwar willig dazu finden, hatte aber doch einige Bedenklichkeiten, da er hörte, daß der Gelehrte aus Berlin ein Jude sei. Wie ich auf das Haus zukam, sah ich den Prediger, der mich erwartete, einen sehr ehrwürdigen Greis, vor der Türe stehen. – Ehe mich aber dieser alte Mann unter sein Dach nötigte, wollte er erst einige genauere Erkundigungen einziehen, und fragte mit ausgestrecktem Arm und auf mich gerichtetem Zeigefinger: ›Quid est Ontologia?‹ (Was ist Ontologie?) Ich sagte ihm die Wolfische Definition in lateinischer Sprache – und jener fragte nun weiter bis auf den Begriff von Gott, und da ich meine Beantwortung und Erklärung des Begriffs von Gott mit den Worten: Ens summum optimum maximum (das höchste, gütigste und größte Wesen) schloß, so fiel der Greis, gleichsam wie in eine ihm bekannte Melodie, mit Entzücken ein: Ens summum optimum maximum! – und jetzt erst bot er mir freundlich die Hand und sagte: ›Seien Sie mir herzlich willkommen!‹ –

Auf meiner Rückreise kam ich wieder durch dasselbe Dorf, und hatte noch einen polnischen Juden bei mir, den ich, weil er zu Hause ging, eingeladen hatte, eine Strecke mitzufahren. Diesem sagte ich, ich müsse mich in dem Dorfe ein Stündchen aufhalten, weil ich dem Prediger meinen Besuch machen wollte. Eben den wollte ich auch besuchen, sagte der polnische Jude. Ich verwunderte mich darüber, und noch mehr, da er mir folgende Geschichte erzählte: ›Ich hatte ihm einmal mein ganzes Vermögen in Verwahrung gegeben, und da vor einigen Jahren sein Haus abbrannte, hat er alles stehn und liegen lassen und erst das Meinige gerettet, darüber hat er das Seinige selbst verloren, wovon er fast nichts hat retten können. Ich bin ihm daher viele Verbindlichkeit schuldig.‹ Wir gingen nun beide zu dem alten Prediger ins Haus, der uns freundschaftlich umarmte und, so gut er konnte, bewirtete. – Der Sohn des Predigers, welcher in Halle studiert hatte, war während der Zeit von der Universität zurückgekehrt, und hatte meine Schriften gelesen, wovon er seinem Vater vieles erzählt hatte. Dieser freute sich nun also um desto mehr, mich unter seinem Dache zu bewirten, da ich auf alle Weise so gut bestand. Er ließ sich aufs neue mit mir in ein eifriges Gespräch über die Ontologie ein, und bei unserer Abreise nahm er von mir aufs zärtlichste, und von dem polnischen Juden wie von einem alten guten Freunde Abschied.«

(Schütz)

Gewissensfragen

Den 13. März 1770

Verehrungswürdiger Herr!

Sie fragen mich: »In welcher Religion auf der Welt ich die größte, die vollkommenste Tugend gegen Gott und Menschen, ohne Schranken am meisten, am vollkommensten real, möglich oder tunlich fände?« Ich glaube in derjenigen, die am meisten duldend ist, in welcher wir das ganze Geschlecht der

Menschen mit gleicher Liebe umfassen dürfen. Nichts preßt unser Herz so sehr zusammen, als eine ausschließende Religion. Wenn sie auch nicht zu blutigen Verfolgungen reizt, so erzeugt sie doch einen lieblosen Stolz auf unsern ausschließenden Wert vor Gott, der unsern tugendhaftesten Trieben eine schiefe Richtung gibt...

(Mendelssohn an Obereit)

Den 24. April 1773

Mein Herr!
Ich muß gestehen, daß mich der Inhalt Ihres Schreibens vom 13. März nicht wenig befremdet hat. Wie kommen Sie in aller Welt dazu, von Köln aus, in Sachen, die das Gewissen betreffen, sich gerade an mich zu wenden? In Ihrer eigenen Kirche gibt es vortreffliche Männer, denen es weder an Einsicht, noch an Aufrichtigkeit fehlt, Ihnen den Weg der Wahrheit und der Tugend zu zeigen. Man hat auch Schriften, in welchen diese Materien mit Gründlichkeit und Wahrheitsliebe abgehandelt sind. In denselben findet ein Lehrbegieriger weit mehr Licht und Aufschluß, als man in einem Briefe zu geben imstande ist. Wie ich sehe, ist die Einführung philosophischer Schriften in Ihrer Gegend auch nicht verboten. Sie können also lesen und prüfen, was die Weisen aller Völker über Gewissenspunkte gedacht und geschrieben haben; und wie unbeträchtlich ist das, was ich zu dieser großen Masse hinzuzutun imstande bin! Da Sie mir indessen die redlichsten Absichten zu haben scheinen, so werde ich Ihnen mit eben der Redlichkeit und in kurzen Worten anzeigen, was ich über Ihre Fragestücke denke; das übrige muß eigenes Nachdenken und das Lesen gründlicher Schriften hinzutun.

Über den ersten Punkt sind meine Gedanken folgende: Ein jeder folge seiner eigenen Überzeugung und sei vollkommen versichert, daß er seinem Schöpfer dadurch nicht mißfallen könne. Hierbei ist aber die Vorsicht zu empfehlen, daß man zuvörderst die von Gott uns verliehenen Kräfte auf das Gewissenhafteste anwenden müsse, um zu untersuchen, ob diese Überzeugung echt und beständig sei. Wenn dieses mit aller nur möglichen Vorsicht geschehen, so haben wir uns weiter keine Vorwürfe zu machen, und auch von unserem Richter keine zu erwarten, gesetzt auch, unsere Überzeugung wäre im Grunde irrig gewesen. Bloße Schwierigkeiten und Zweifel aber müssen auf unser praktisches Verfahren keinen Einfluß haben. Solange wir noch nicht völlige Gewißheit erlangt haben, müssen wir uns, was das Praktische betrifft, an die Grundsätze halten, nach welchen wir erzogen worden und die wir von andern für uns verehrungswürdigen Männern erhalten haben. Wir dürfen nicht die geringste Neuerung oder Änderung wagen, bevor wir nicht mit Sicherheit festen Fuß setzen können. Dieses sind die Pflichten gegen die Wahrheit in Absicht auf unsere eigene Person. In Absicht auf andere, und inwieweit wir verbunden sind, die von uns erkannte Wahrheit andern mitzuteilen, hat die Pflicht noch engere Schranken, die ich hier nicht anführen kann und die auch nicht zur Sache gehören. Ausgemacht aber scheint es mir, daß es ewige Wahrheiten geben kann, von denen ich für mich und zu meinem eigenen praktischen Gebrauche und Verhalten vollkommen hinlängliche Überzeugung haben kann, ohne verbunden zu sein, sie andern bekannt zu machen oder aufzudringen; ja zuweilen bin ich sogar verpflichtet, sie andern zu verschweigen ...

(Mendelssohn an stud. med. Paulus Best)

Berlin, den 14. März 1780

... Leben Sie wohl, bester Hennings! Der liebe Gott behüte Sie und mich ferner für allen Streit mit Ketzermachern. Sie haben einen gar zu starken Haufen auf ihrer Seite. Ein Lot gesunden Menschenverstandes wiegt zwar den ganzen Klumpen auf, aber nur auf jener geistigen Wage des Homers, nach welcher die Schale der Sieger gen Olymp emporsteigt, die Schale der Besiegten aber gen Orkus sinkt. Das Volk aber kennet nur seine gemeine Käsewage, sagte mein alter Rektor Damm, als er uns den Homer erklärte.

Moses Mendelssohn
(An Hennings)

Den 23. Mai 1782

Ein Jeder lebe seines Glaubens und seiner Überzeugung, und liebe seinen Nächsten wie sich selber. Gott anbeten und dem Menschen wohltun, dieses ist Zweck und Ziel unseres Hierseins, unsere Bestimmung in diesem, und unsere Hoffnung in jenem Leben. Alles übrige mag dahingestellt bleiben. Wie es Dir gefällt, Bruder! nur liebe Gott und den Frieden!

Leben Sie herzlich wohl und lieben

Ihren aufrichtigen Freund
Moses Mendelssohn
(An Jung)

Fortschritt der Menschheit

24. Juni 1782

Sie beklagten sich, daß das menschliche Geschlecht so wenig vorwärts ginge; daß es je zuweilen sich einige Stufen erhöhe, aber nur, um den Augenblick darauf desto tiefer zu fallen; daß alles dem beständigen Kreislauf unterworfen, und am Ende wieder dahin komme, wovon es ausgegangen: woraus denn zu erhellen scheint, daß die Vervollkommnung nicht die wahre Bestimmung des Menschen sei.

Was ich diesem Einwurfe entgegenzusetzen habe, ist dieses. Nicht die Vervollkommnung des Menschengeschlechts ist die Absicht der Natur; nein! die Vervollkommnung des Menschen, des Individuums. Jeder einzelne Mensch soll seine Anlagen und Fähigkeiten entwickeln, und dadurch immer vollkommener werden; und eben deswegen, weil jedes Individuum dieses soll, muß das ganze Geschlecht immer diesen Kreislauf wiederholen, darüber wir uns so sehr beschweren. Das menschliche Geschlecht ist als ein solches kein für sich bestehendes Wesen. Es besteht vielmehr aus einzelnen Menschen, die sich, wie das Wasser in einem Strome, auf einander folgen, keinen Augenblick dieselben bleiben, und dem Strome gleichwohl einen selbständigen Namen geben. Diese Sukzession von Wesen ist auch an und für sich einer Verbesserung fähig, die aber nicht so wie die Verbesserung des einzelnen Menschen ins Unendliche fortgehen kann. Ginge das menschliche Geschlecht in der Vervollkommnung immer weiter, so würden die neuen Ankömmlinge keine Gelegenheit finden, ihre Kräfte zu üben, ihre Anlagen zu entwickeln; und dieses ist doch gleichwohl der wahre Zweck der Natur. Unser Dasein hienieden gleicht einer Poststation. Wenn, die uns nachkommen, auch sollen überbracht werden, so müssen die Postpferde wieder an den Ort zurück, wo sie ausgegangen. Nun macht freilich der Postknecht immer dieselbe Reise wieder. Aber dieses ist eben das Mittel, wodurch die Reisenden, so wie sie nach und nach ankommen, in den Stand gesetzt werden, ihren Weg weiter zu nehmen...

(Mendelssohn an Hennings)

Religiöses Gefühl und Vernunftreligion

Den 24. Dez. 1785, abends

...*Sie waren der Erste, von dem ich glauben konnte, Sie würden mich verstehen, oder da wo ich mich selbst nicht verstehe, Licht hinhalten können.* Ich sitze hier einsam, mit mancherlei Betrachtungen über Menschenschicksal beschäftigt... Plötzlich ertönt ein Weihnachtsgesang auf der Straße. Welche schnelle Veränderung erfährt mein ganzes Wesen!

- Ich bin Kind, alle genossenen Freuden dieser Zeit erwachen mit ihren religiösen Beziehungen. Ich empfinde gleichsam noch einmal den süßen Taumel, in dem ich mich befand, wenn ich mein auswendig gelerntes Weihnachtslied meinen Eltern herbetete, das Kind in der Krippe meiner Phantasie so lebhaft vorstellte und es so herzlich als meinen Gott anbetete... Diese Bilder traten in so hellen Farben vor meine Seele, und - meine unwillkürlichen Tränen scheinen zu klagen: sie sind nicht mehr! Welch ein Rätsel bin ich mir selbst! Spricht meine Vernunft nicht so laut und deutlich genug: dort war keine Wahrheit – hier liegt sie und beglückt den Menschen, ohne seinen Schöpfer zu erniedrigen? ... Ja, sie spricht alles dies: aber es ist, als wenn in meinem Herzen eine Leere wäre... – Teuerster Freund! wie sind Sie bei Ihrem gefühlvollen Herzen über diese ersten falsch religiösen Empfindungen hinweggekommen, ohne überhaupt kälter geworden zu sein? Mich dünkt, ich bin jetzt weder so dankbar noch so feurig in meinen Gesinnungen gegen Gott... Jetzt kann ich den Gedanken »Gott« nicht fassen; – ich kann nur in der Betrachtung der Natur und der mannigfaltig wirkenden Kräfte in derselben bewundern, erstaunen und verstummen. Meine Gebete werden nicht mehr Worte; denn bei diesen muß ich mir einen denkbaren Gegenstand denken; sie sind bloß Gefühle, die nur durch Tränen sich ausdrücken. Daher habe ich auch keinen Sinn mehr für den öffentlichen Gottesdienst, und bin ganz kalt dabei. So sieht es in meiner Seele aus, teuerster Freund; nur Ihnen lege ich sie so offen dar. Raten Sie mir, auf welche Art ich es anfange, meinem Herzen den Gott näher zu bringen, den mein Verstand im Sandkorn wie in der Sonne anbetet. Die gesunde oder reine Vernunft scheint mir gar zu kalt. Das Gesetz bei den Juden, welches ihnen vorschrieb, wenn sie anbeten wollten, ihr Gesicht gegen Jerusalem zu richten, ist ein ziemlich starker Beweis, daß der Gesetzgeber die menschliche Seele kannte.

– Ach! das Universum ist uns zu groß, wir finden Gott nicht darin; wir müssen die Augen gleichsam auf einen bestimmten Fleck festhalten, um zu ihm zu reden!...

(Sophie Becker an Mendelssohn)

Den 27. Dez. 1785

(wenige Tage vor seinem Tode)

Teuerste Sophie!

Meine Maxime ist: ich lasse mir kein Vergnügen entgehen, das mit irgendeiner Vorstellungsart verbunden ist. Meine Vernunft muß nicht spröde tun und mir die unschuldigen Vergnügen dieses Lebens verleiden wollen. Die Philosophie soll mich glücklicher machen, als ich ohne dieselbe sein würde; und dieser Bestimmung muß sie treu bleiben...

Ich wähle auch aus den Systemen der Weltweisen immer dasjenige, was mich glücklicher und zugleich besser machen kann. Eine Philosophie, die mich mißmutig, gegen andre Menschen oder gegen mich selbst gleichgültig, gegen Empfindung des Schönen und Guten frostig machen will, ist nicht die meinige.

Was populäre Religionsbegriffe betrifft, so dünkt mich, daß die angenehmen Empfindungen, welche sie mit sich führen, größtenteils sich auf Wahrheit gründen, die ihnen zum Grunde liegt und bloß durch falschen Zusatz verdunkelt worden ist... Ich halte mich also an populäre Religionsbegriffe so lange, bis meine Vernunft stark genug ist, mir den Abgang der angenehmen Empfindungen anderweitig zu ersetzen.

Ich freue mich mit jedem Religionsgebrauch, der nicht zu Intoleranz und Menschenhaß führt; freue mich wie meine Kinder mit jeder Zeremonie, die etwas Wahres und Gutes zum Grunde hat; suche das Unwahre soviel als möglich abzusondern und schaffe nichts ab, bevor ich dessen gute Wirkung nicht durch etwas Besseres zu ersetzen imstande bin.

Wenn Sie Geduld genug gehabt haben, teuerste Sophie! meine »Morgenstunden« durchzulesen, so werden Sie auch die Stelle bemerkt haben, wo ich von der Schwierigkeit handle, die Erhabenheit Gottes in der stärksten Verbindung mit dessen allbarmherziger Herablassung zu denken, und unserm Lessing ein großes Verdienst um diese wichtige Wahrheit zuschreibe. Mich dünkt, Sie befinden sich jetzt in dem Fall, da Ihnen diese Erwägung gute Dienste leisten kann. Mit Ihrem Kopf und Ihrem Herzen werden Sie keine sonderliche Anstrengung brauchen, diese Lehre in ihrem ganzen Umfang zu fassen und wahren Trost und Beruhigung zu finden.

Sie sagen, der Weltweise bete nicht; wenigstens nicht laut, nicht mit Gesang, sondern höchstens in Gedanken. Beste Sophie! Wenn seine Stunde kommt und er zum Beten gestimmt ist, so wird er wider seinen Willen in Wort und Gesang ausbrechen. Der gemeinste Mensch, dünkt mich, singt nicht, daß Gott ihn höre und an seinen Melodien Gefallen finde. Wir singen unserthalben; und das tut der Weise so gut als der Tor. Haben Sie je die Psalmen in dieser Absicht gelesen? Mich dünkt, viele Psalmen sind von der Art, daß sie von den aufgeklärtesten Menschen mit wahrer Erbauung gesungen werden müssen. Ich würde Ihnen abermals meine Übersetzung der Psalmen vorschlagen, wenn es nicht zuviel Autorschwachheit verriete. Soviel ist gewiß, mir haben die Psalmen manche bittere Stunde versüßt; und ich bete und singe sie, sooft ich ein Bedürfnis zu beten und zu singen bei mir verspüre.

Leben Sie wohl, teuerste Freundin! Empfehlen Sie mich unserer würdigen Frau Baronin, deren Befehl ich erwarte, wenn ich das Vergnügen haben soll, sie zu sehen.

Moses Mendelssohn

Der deutsche Sokrates

Mendelssohn und seine Schüler

Schüler im gewöhnlichen Sinne des Worts hat mein unsterblicher Lehrer nicht gehabt. Öffentliche Vorlesungen hat er nie gehalten. Vor seiner Verheiratung war er Hauslehrer gewesen, und auch nachher soll er einigen Zöglingen Unterricht gegeben haben. Diese kann man aber füglich nicht Schüler eines Weisen nennen.

Im Jahre 1771, als ich ihn kennen lernte, hatte der von Lavater aufgeregte Streit bereits seine Endschaft erreicht; die allgemein gemißbilligte Aufforderung desselben war bereits zurückgenommen, Mendelssohns weises und bescheidenes Benehmen anerkannt, und sein Ruf hatte bei der großen und gelehrten Welt ungemein zugenommen; seine Religionsverwandten im allgemeinen waren aber noch nicht dazu geeignet, Anteil daran zu nehmen. Dazu kam, daß er gern alles Aufsehen vermied; aber nach dem Ausdrucke des Talmuds, je mehr er der Berühmtheit aus dem Wege ging, je mehr folgte sie ihm auf dem Fuße wie sein Schatten ... Er sprach indessen unaufgefordert nie von diesem Vorfalle [Lavaters Aufforderung], weder mit Fremden noch mit den Jünglingen und jungen Freunden, die seinen Umgang suchten; er schien ihn gern in Vergessenheit bringen zu wollen, wahrscheinlich weil er heftig und zerstörend auf seine ohnedies geschwächte Gesundheit gewirkt hatte.

Als Hausvater lebte er sehr glücklich, mit dem äußern Benehmen eines Geschäftsmannes, ohne alle Ansprüche auf Auszeichnung und Gelehrsamkeit. Er war Teilnehmer einer Seidenfabrik, leitete die Geschäfte mit kaufmännischen Kenntnissen und besaß als Fabrikant einen ungemein feinen Geschmack; selbst Frauenzimmer suchten seinen Rat bei Farbenwahl und Kleidung. - An Besuchen von Fremden, besonders Reisenden von Stande, fehlte es nicht; diese sowie einheimische Künstler und Handwerker, die sich mit ihm beraten wollten, fanden ihn im Handlungsladen. – Aber gegen Abend, vorzüglich am Sabbath und an Feiertagen, kamen junge Männer von seinen Religionsgenossen zu ihm ins Haus, und kamen mit der bestimmten Absicht, sich zu bilden und zu belehren. Auch ältere Freunde und verheiratete junge Männer, die Geschmack und Liebe zu den Wissenschaften erlangt hatten, fehlten nicht. In dieser Hinsicht kann man mit Zuversicht behaupten, daß er eine Menge Schüler hatte. Sie zerstreuten sich später in den Provinzen, in ganz Deutschland, im Österreichischen, in Holland, ja der Same der bessern Kenntnisse und des reellen Wissens wurde bis nach Polen geführt und brachte großen Segen, besonders nachdem seine Übersetzung des Pentateuchs und der Psalmen so allgemein verbreitet und geschätzt wurde. – Er hat einen weit größeren Anteil an der Aufklärung und Bildung seiner Religionsgenossen als man gewöhnlich glaubt, und es ist dankbare Pflicht, das Andenken davon bei seinem Volke zu erhalten. Aber außer dem Nutzen, den er für die Zukunft schaffte, wie angenehm, anziehend und lehrreich war seine Unterhaltung! Die Erinnerung an diese genossenen Stunden muß bei seinen Freunden und Schülern unauslöschlich sein. Lange nach seinem Tode gewähren sie ein unerschöpfliches, mit Rührung untermischtes Vergnügen, welches die Seltenheit der Erscheinung nicht anders als erhöhen kann ...

Unter seinen Religionsgenossen war damals die sogenannte Lektüre noch nicht ausgebreitet, und reelle Gelehrsamkeit noch seltener, aber die wahre Wißbegierde war bei mehreren jungen Männern aufgeregt. Sie strömten zu ihm wie sonst zu einem berühmten Rabbi. Keinem Jüngling war der Zutritt verwehrt, und die echten Jünger der Weisheit konnten auf freundliche Aufnahme mit Sicherheit rechnen. Das Gespräch leitete sich von selbst ein, war leicht, ungezwungen und freimütig. – Größtenteils betraf es Moral und Sprachkunde, hebräische Literatur, die israelitische Religion und ihre Grundlehren; nie talmudische Streitigkeiten oder unscheinbar gewordene Ritualgesetze. – Die Sophistereien der erstern, die Geringfügigkeit und Kleinigkeit der letzteren waren im gewöhnlichen Leben schon Gegenstände des Spöttelns geworden, aber demungeachtet in Mendelssohns Gegenwart enthielt man sich, ihrer im Ernst oder Scherz zu erwähnen. –

Vorzüglicher Gegenstand der Unterredung waren Erziehungs- und Bildungsanstalten. Verbesserung des Unterrichts und Empfehlung der deutschen Muttersprache waren Mendelssohns Lieblingsthemata. Dieses war das fühlbarste Bedürfnis der deutschen Jugend. Öffentliche Schulen und Gymnasien wurden von ihr damals noch nicht häufig besucht. Auch die Freischule existierte noch nicht. Nachdenkende Hausväter wollten aber nicht länger ihre Kinder polnischen Lehrern anvertrauen, und die Zeit nicht mit leeren Spitzfindigkeiten, die im bürgerlichen Leben nicht den mindesten Vorteil brachten, vergeuden lassen. Und die jungen jüdischen Privatlehrer, worunter sehr fähige Köpfe waren, die an ihre Stelle traten, die waren es eben, die mit Eifer Mendelssohns Meinungen und Ratschläge vernehmen wollten. Der Weltweise sah es gern, daß die jungen Männer vorzüglich über diese Materien miteinander stritten. Von der Erziehungs- und Unterrichtskunst hatten sie höchstens einige Theorie sich erworben; aber alle diese Jünglinge waren geübte Ringer und Kämpfer, denn alle ohne Ausnahme waren, wie Mendelssohn selbst, durch das Studium des Talmuds gewandte Dialektiker, und hatten durch Übung Scharfsinn und Witz erworben, Eigenschaften, welche heutzutage ziemlich selten werden.

Zum Disputieren forderte Mendelssohn wohl selbst auf, aber selten trat er mit entscheidendem Urteile dazwischen. Indessen kam es bei diesen Streitigkeiten fast nie zu Heftigkeit oder Bitterkeit; davor schützte das zwar sanfte aber

Ehrfurcht gebietende Ansehen des edlen Mannes. Auch verstand wohl nicht leicht jemand besser die Kunst, ein Gespräch zu leiten, wie unser Weltweiser. Meisterhaft wußte er die Unterhaltung zu beleben, wenn sie zu ermatten schien, noch meisterhafter den Schüchternen zu ermuntern oder gegen den Keckern in Schutz zu nehmen; mit einem Worte, er lenkte die Unterredung, ohne daß man es gewahr wurde.

Gewöhnlich saß er am Fenster im Winkel auf seinem Armsessel mit untergeschlagenen Augen. Aber alle sahen auf ihn und seine Bewegungen. Oft befeuerte er den entflohenen Mut durch ein plötzliches Aufsehen oder durch einen einsilbigen Aufruf, oft belohnte er durch lächelnden Beifall. Ein schnelles Niedersehen, ein verneinendes Kopfschütteln galt ohne ein lautes Wort für bedeutenden Tadel. Wenn dieses nicht wirkte, wenn der Gegner auf wohlgegründete Einwürfe sich nicht ergab, wenn lauteres Sprechen entscheidend werden wollte, oder wenn endlich Reden und Gegenreden sich durchkreuzten, verwirrten, in Dunkelheit sich verloren; so stand er wohl von seinem Sitze auf, trat in die Mitte der Streitenden, und schien liebreich um Gehör zu bitten. Dann erfolgte ein ehrerbietiges Stillschweigen. Nun nahm er den Faden des Gesprächs auf, entwickelte die Streitfrage, stellte Satz und Gegensatz mit einer ihm eigentümlichen Klarheit und Kürze gegeneinander und ließ die Streitenden die Vergleichspunkte selbst finden, ohne des einen oder des andern Partei geradezu zu nehmen. Wenn sich dann die Hitze gelegt und die Vereinigung stattgefunden hatte, pflegte er oft zu sagen: »Sehen Sie, meine Herren, es war bloßer Wortstreit, wie es gemeiniglich der Fall ist; ich glaubte gleich, Sie würden eines Sinnes werden.« Wie vergnügt gingen dann die Unterredenden auseinander und drückten sich brüderlich die Hände! Keiner war besiegt oder gar beschämt worden; auf jedem Antlitz glänzte Zufriedenheit, Genuß wohlangewandter, lehrreicher Stunden, und in diesem seligen Gefühle freute man sich auf die künftige Zusammenkunft wie auf ein Seelenfest. Die Jünglinge, die zu Männern gereift sind, und denen Gegenwärtiges zu Gesicht kommen sollte – leider! sind deren nur wenige –, werden die Wahrheit dieser und der folgenden Darstellungen bezeugen und vielleicht ausrufen: sie sind dahin, die glücklichen Stunden! Wahrlich die Tage der Vorzeit waren besser denn die gegenwärtigen!

Manchmal eröffnete der Weltweise selbst die Unterredung. Das Ich wurde nie gehört. »Ehe Sie kamen«, fing er dann an, »hat ein junger Mann aus unserer Mitte, wie mich dünkt, eine geistreiche Bemerkung, eine feine Beobachtung gemacht - einen glücklichen Einfall gehabt – er hat einen scharfsinnigen Einwand gegen eine Meinung vorgetragen, die über allen Zweifel erhaben zu sein scheint. Sie mögen urteilen ...« Und nun trug er das Erwähnte mit einer unnachahmlichen Holdseligkeit vor, begleitete es mit soviel erläuternden Zusätzen (wenn es wirklich einem Dritten, nicht ihm selbst gehörte) und doch immer soviel wie möglich mit den eigenen Worten des Urhebers, daß dieser Mut gewann, sich dazu zu bekennen und das Vorgetragene mit neuen Gründen auszustatten.

Wie oft war der junge Mann freudig überrascht, daß er etwas so gar Geistreiches zutage gefördert! Der Keim gehörte ihm freilich, aber die Pflege des Gärtners, das Sonnenlicht, das dieser so kunstreich hatte darauf fallen lassen, diese waren es eigentlich, welche Blüte und Frucht, jene so schön, diese so reif ans Licht brachten. Der junge Mann täuschte sich, manchmal wissentlich, manchmal ohne es selbst gewahr worden zu sein. Auch bei Mendelssohn war es wenigstens nicht immer Kunstgriff, auf diese Weise die Jugend anzuregen. Es war Gabe des Himmels, daß jeder feine, richtige, neue Kerngedanke, so wie ihn sein Gemüt ergriff oder derselbe seinen Geist durchflog, unwillkürlich gleichsam Rundung, Wohllaut, Vollendung annahm, etwa wie ein persisches

Gewand, edel, fein, aber geruchlos, das durch den Dunstkreis der Balsamstaude dahinflatternd den wohlriechenden Duft einsaugt, weil das feine Gewebe ihn festzuhalten geeignet ist.

Setzte dann der Weise hinzu: »Nun was dünkt Ihnen von diesem Vortrage? Unser junger Freund scheint Recht zu haben, die Sache scheint einer näheren Erörterung wert zu sein«, dann war das Signal gegeben, die Aufmerksamkeit auf diese Weise gespannt, wurde das Gesagte wiederholt und der Wettstreit begonnen. So erweckte Mendelssohn das Nachdenken, so feuerte er den Mut an, so regte er den edelsten Ehrgeiz auf – denn niemand wollte doch mit leeren Händen zu diesem Gedankenfest kommen, und so gewann er Liebe und Vertrauen bei Jünglingen und Männern, die ihn besuchten. – Dieses war die Weise des deutschen Sokrates, die Methode, durch welche er, wie der griechische, die Geburten seiner Schule zum Leben entwickelte. Wie bei den Griechen war alles Folge seiner Denkweise, seiner Sinnesart, seiner sittlichen Natur, ihm eigentümlich, nichts Erkünsteltes, nichts Nachgeahmtes.

(David Friedländer)

Wie Mendelssohn sprach

Mendelssohn sprach gern, aber wenn er auch viel sagte, so war er doch weit entfernt von der Art, wie Schwätzer in Gesellschaft zu handeln pflegen, denn nichts sagte er überflüssig; und konnte er in seinen Gedanken kein Urteil fällen, das dem Gegenstand der Unterredung angemessen war, so befolgte er die kluge Regel eines Weisen – er schwieg, schwieg so lange, bis er seine Gedanken gesammelt hatte und seine Antworten unterhaltend oder belehrend sein konnten. Das Anzügliche eines Gesprächs konnte man sogleich an seinen Gesichtszügen bemerken; seine Augen insbesondere, welche gemeiniglich die Abdrücke geistiger Kräfte sind, kündigten einem jeden an, ob ihm das Gespräch unterhaltend war oder nicht.

Gutmütigkeit war die Eigenschaft, die, weil er sie selbst besaß, er auch an andern vorzüglich schätzte. Besonders gefiel ihm, wenn er bei solchen Personen zugleich Verstand bemerkte, denn, meinte er, das wären zwei Eigenschaften, die selten zusammen anzutreffen sind. Der Mann verbindet mit Gutmütigkeit auch viel Scharfsinn! Dies war das größte Lob, welches er jemand beizulegen pflegte.

Ein gültiger Beweis, daß er selbst diese Tugend besaß, war ohnstreitig dieser: daß er eifrig in Verteidigung der Handlungen andrer war, wenn man solche durch lieblose Urteile verunglimpfen wollte. Sagte man z. B. der oder jener würde gewiß diese gute Handlung nicht unternommen haben, wäre er nicht durch Ehrsucht angetrieben worden, so erwiderte Mendelssohn: »Auch gut, in guten Handlungen Ehre zu suchen, ist ja schon etwas Vortreffliches: gesetzt auch daß keine andre Bewegungsgründe da wären; denn man muß lieber im Zutrauen als im Mißtrauen gegen Güte des Herzens zu weit gehen, sonst muß man fürchten, daß zu viele der menschlichen Tugenden verschwinden.«

(Schütz)

Scherze

Im heitern Gespräche schlug man eines Abends vor, jeder der Anwesenden solle seine Fehler besingen. Mendelssohn, der verwachsen war und einen starken Höcker hatte, außerdem auch stotterte, schrieb schnell nieder:

Groß nennet Ihr den Demosthen,
Den stotternden Redner von Athen,
Den höckrigen Äsop haltet Ihr für weise,
Triumph! Ich werd in Eurem Kreise
Doppelt groß und weise sein.
Denn Ihr habt bei mir im Verein,
Was man bei Äsop und Demosthen
Hat getrennt gehört und gesehn.

Der Propst Teller wandte sich einst an Mendelssohn mit folgender scherzhafter Anrede:

An Gott den Vater glaubt Ihr schon,
So glaubt doch auch an seinen Sohn!
Ihr pflegt ja sonst bei Vaters Leben
Dem Sohne gern Kredit zu geben!

Mendelssohn antwortete:

Wie könnten wir Kredit ihm geben?
Der Vater wird ja ewig leben!

(Joseph Mendelssohn)

Gäste auf eine Weile

Ihn besuchten einmal ein paar junge Edelleute aus Frankreich, welche versicherten, daß sie vorzüglich, um den König von Preußen und Ihn zu sehen, nach Deutschland gereist wären. Mendelssohn, ohne darauf zu antworten, fragte, ob sie etwa auch nach Weimar reisen würden, und nahm hiervon Gelegenheit, von Wieland, Herder, Goethe und Bertuch mit außerordentlichen Lobeserhebungen zu sprechen, seine eigenen Verdienste aber gleichsam in Schatten zu stellen. So fuhr er denn auch fort, das Gespräch auf mehrere der vorzüglichsten Köpfe Deutschlands zu richten, und schilderte deren Verdienste seinen beiden Bewunderern aus Frankreich so lebhaft, bloß in der Absicht, daß ihn diese darüber vergessen sollten.

(Schütz)

Wollen und Können

Der Streit von der Freiheit des menschlichen Willens kam in der philosophischen Welt aufs neue in Bewegung. Ein junger Schriftsteller hatte hierüber einen Aufsatz unserem Mendelssohn zum Durchlesen gebracht, und kam nach einiger Zeit, um dessen Urteil darüber zu hören.

»Ich habe Ihren Aufsatz über die Willensfreiheit nicht lesen können«, sagte Mendelssohn.

Der junge Verfasser, hierüber betreten, schob die Schuld auf seinen Aufsatz und versicherte, daß es ihm leid täte, Herrn Mendelssohn damit beschweret zu haben. Mendelssohn, sobald er merkte, daß der junge Schriftsteller darüber betroffen war, sprach ihn zufrieden und versicherte, die Schuld läge nicht an seinem Aufsatz, daß er ihn nicht gelesen habe – sondern er sei durch Umstände daran verhindert worden.

»Wie konnten Sie aber auch«, fuhr Mendelssohn fort, aus meiner vorigen Äußerung schließen, daß ich Ihren Aufsatz für schlecht hielte?«

»Weil ich glaubte, Sie hätten ihn nicht lesen wollen«, erwiderte jener.

»Sie machen also, wie ich höre, einen Unterschied zwischen Wollen und Können?« versetzte Mendelssohn. »Dann darf ich Ihren Aufsatz über die Willensfreiheit gar nicht lesen; denn ich höre, wir sind schon einig.«

(Schütz)

Religionsstreitigkeiten

Wir sprachen von der Zartheit, mit welcher man in Religionsstreitigkeiten handeln müsse. Herr Moses selbst führte diese Bemerkung herbei, da ich eines gewissen Schriftstellers erwähnte, welcher in seinen Unterredungen nicht sehr tolerant ist.

»Dies kann man auch fast unmöglich sein«, sagte Moses. »Man greift unser heiligstes Interesse an, und mag man's aufs höflichste tun, so will doch niemand aus Höflichkeit in dem unrecht haben, was ihm das Wichtigste ist. Und dann mischet sich unbemerkt immer etwas Eigenliebe in diesen Streit. Man tut sich auf den Scharfsinn, womit man die Wahrheit seiner Religion ausgemittelt hat, etwas zugut. Gibt man nach, so muß man eingestehn, daß man weniger scharfsichtig als ein anderer ist. Personen von Lebensart beobachten zwar äußerlich immer eine gewisse Ruhe; aber im Innern wird man desto hitziger, je mehr den heftigen Bewegungen des Geistes alle Ausgänge verschlossen sind. Wir drei«, sagte er, »Herr P., Sie und ich, wir bekennen uns zu drei verschiedenen Religionssystemen. Wir lieben alle die Wahrheit, und können sehr wohl eingestehen, daß sich unsere Vorfahren über diesen oder jenen Punkt geirrt haben. Aber wenn von dem Ganzen der Religion die Rede ist, wenn die Rede davon ist, zu beweisen, daß Sie durchaus recht haben und ich von Grund aus unrecht habe, so werden wir nicht mehr so ruhig auf unserm Stuhle sitzen, und wir werden auf alles aufmerksam sein – nur nicht auf die Erhaltung der Kaltblütigkeit.« Ich glaube, er habe recht.

(Blessig)

Judentum und Christentum

Überhaupt sprach Mendelssohn sehr ungern über dergleichen Gegenstände der Religion; wenn er aber solchen Gesprächen nicht ausweichen konnte, so drückte er sich freimütig darüber aus, ohne sich zu ereifern, oder wohl gar einen bittern beleidigenden Ton anzunehmen. Ist ja der Stifter der christlichen Religion selbst in der jüdischen Religion geboren und erzogen, pflegte er sich wohl in mündlichen Unterredungen auszudrücken, warum sollte ich mich schämen, ein Jude zu sein? Und da man ihm einmal vorwarf, daß dieses kein Beweis zum Vorteil der jüdischen Religion sei, so gab er zur Antwort:

»Auch soll es nicht für einen Beweis gelten; weil ich aber nirgends gefunden habe, daß Christus die Religion seines Volkes, was ihre innern Grundsätze betrifft, für falsch erkläret, sondern im Gegenteil sich bemühet, diese Religion von Irrtum und Aberglauben zu reinigen, und die schändlichen Vorurteile und falschen Zusätze davon abzusondern, und solche in ihr ursprüngliches Licht wiederherzustellen, so glaube ich mich auf eben demselben Wege wie andre Menschen zu befinden, welcher zu dem Gott der Wahrheit und Gerechtigkeit führen wird.«

(Schütz)

Vernunftjuden und Vernunftchristen

Ein aufgeklärter und, wenn ich mich noch recht erinnere, ein französischer Vernunftstheologe zu Berlin wollte sich von freien Stücken seiner armen Seele erbarmen und ihm zur christlichen Seligkeit, ich weiß nicht mehr ob nach Kantischen oder nach Goezeschen Grundsätzen und Manieren helfen; aber der in diesem Kapitel etwas verstockte Moses fühlte seinem vernunftvollen Proselytenmacher auf den Zahn, und fragte ihn unter anderm um die Stellen im Neuen Testamente, worin Christus dem Judentume öffentlich und feierlich entsagt, welcher nach seiner Einsicht nur in der jüdischen Religion aufklären, sie aber keineswegs aufheben wollen. Der Bekehrer hatte sich auf alle Einwendungen eines jüdischen Gelehrten gefaßt gemacht, nur auf diese nicht. Moses mit einem schalkhaften Lächeln, welches er mit vieler Demut gegen eine menschenfreundliche Hochwürden verstecken konnte, folgerte aus dem Stillschweigen, daß der Herr Prediger eigentlich ein heimlicher Vernunftjude sei, gegen welchen Maimonides und er wenig einzuwenden hätten. Denn zwischen einem Vernunftjuden und einem Vernunftchristen sei kein andrer Unterschied, als daß sich der letztere schäme des ersteren Namen zu führen, und der erstere ihn beibehalte, so sehr er auch deshalb mit Verachtung und Abgaben über die Gebühr von der weisen Staatspolitik belastet werde. Hierin lag kein Spott, kein Tadel von Moses: er als ein ernster Anhänger und Bekenner des Optimismus wußte wohl, daß alle diese Leiden zur besten Welt des Judentums gehören. Und soviel er sich auf diesen philosophischen Trostgrund zugute tat, so wenig wollte er damit den jüdischen und christlichen Trostgründen den Rang streitig machen.

(K. G. Lessing)

Vom neuen Testament

... Als ich Mendelssohn zuerst kennenlernte, traf ich ihn sehr geschäftig im Hause des Seidenhändlers Bernhard. Neben ihm stand im Kontor eine kleine Handbibliothek, in ihr Klopstocks Messias und eine Bibel mit dem Neuen Testamente. Ich fragte ihn, ob er denn den Messias gelesen habe? »Warum nicht?« meinte er. »Wie den Homer und Virgil, so lese ich den Messias wegen der Schönheiten, die ich in ihm bemerke, und in dem Neuen Testamente gefallen mir besonders die Briefe des Apostels Paulus, weil sie voll von sittlich-religiösen Ideen sind.«

(Müchler)

Stoische Geduld

So kam einst der junge B. in der Meinung, daß Mendelssohn ihm Unrecht getan habe, ihm darüber Vorwürfe zu machen und sagte ihm eine Impertinenz über die andere. Mendelssohn stand an einen Stuhl gelehnt, wandte kein Auge von jenem weg und hörte alle seine Impertinenzen mit der größten, stoischen Geduld an. Erst nachdem der junge Mensch ausgetobt hatte, ging Mendelssohn zu ihm und sagte: »Gehen Sie! Sie sehen, daß Sie hier Ihren Zweck nicht erreichen; Sie können mich nicht aufbringen.« Doch konnte Mendelssohn bei dergleichen Gelegenheiten seinen Kummer über die menschlichen Schwächen nicht verbergen.

(Salomon Maimon)

Polnische Juden

Die neuankommenden polnischen Juden, deren Gedanken größtenteils verworren sind, und deren Sprache ein unverständlicher Jargon ist, konnte Mendelssohn recht gut verstehen. Er nahm in seinen Unterhaltungen mit ihnen ihre Ausdrücke und Redensarten an, suchte seine Denkungsart zu der ihrigen herunterzustimmen und dadurch diese zu der seinigen zu erheben.

Er verstand auch die Kunst, die gute Seite eines jeden Menschen oder Vorfalls ausfindig zu machen. Er fand nicht selten an Leuten Unterhaltung, deren Umgang wegen Unregelmäßigkeit in dem Gebrauch ihrer Kräfte sonst vermieden wird; und nur gänzliche Dummheit und Trägheit war ihm höchst zuwider. Ich war einst Augenzeuge, wie er sich eine geraume Zeit mit einem Manne von der unregelmäßigsten Denkungsart und dem ausschweifendsten Betragen unterhielt. Ich verlor dabei alle Geduld; und nachdem er weg war, fragte ich Mendelssohn voller Verwunderung: Wie konnten Sie sich mit diesem Manne soviel abgeben? »Warum das?« erwiderte er, »wir betrachten eine Maschine mit Aufmerksamkeit, deren Zusammensetzung uns unbekannt ist, und suchen uns ihre Wirkungsart begreiflich zu machen; soll dieser Mensch nicht eben die Aufmerksamkeit verdienen? Sollen wir uns nicht seine seltsamen Äußerungen auf eben die Art begreiflich zu machen suchen? da er doch gewiß seine Triebfedern und Räderwerk so gut als irgendeine Maschine haben muß?«

Mendelssohn war im Disputieren mit einem steifen, an einem einmal angenommenen System hängenden Denker steif; und machte sich die kleinste Unrichtigkeit in der Denkungsart seines Gegners zunutze. Mit einem biegsamen Denker hingegen war er auch biegsam, und er pflegte gemeiniglich alsdann dem Disput mit folgenden Worten ein Ende zu machen. »Wir müssen uns nicht an die Worte, sondern an die Sachen halten.«

(Salomon Maimon)

Mendelssohn verbringt in Begleitung seines Freundes, des Poeten Ramler einen Tag als Gast der Dorothea, Herzogin von Kurland auf ihrem Landsitz in Friedrichsfelde bei Berlin.

Aus dem Tagebuch von Sophie Becker, der Reisebegleiterin Elisas von der Recke, der Schwester der Herzogin:

Den folgenden Tag hatte die Herzogin Ramlern und Mendelssohn gleichfalls zu sich herausbitten lassen. Kaum brach der Morgen an, so ließ mich die Herzogin schon zu sich rufen. Drei flüchtige Stunden waren mir in Dorotheens Umgange wie Minuten entflohen, als man meldete, Ramler und Mendelssohn wären schon angekommen. Die Herzogin befahl mir, die beiden Söhne der Weisheit in den Garten zu führen und so lange zu unterhalten, bis sie eine kleine Toilette gemacht hätte. So irrte ich eine Weile unter den schattigen Bäumen des Gartens, von Ramler und Mendelssohn begleitet, umher und fühlte in der Gegenwart dieser schönen Seelen Gott und seine Welt lebhafter als gewöhnlich. Wir blieben endlich auf einem Platze stehen, wo der vorige Besitzer von Friedrichsfelde eine große Allee von alten Bäumen hatte umhauen lassen. Wir blieben einige Minuten stillschweigend stehen, wie es einem fast immer bei Monumenten der Vergänglichkeit großer Werke der Natur zu gehen pflegt. Endlich sagte ich zu meinen Begleitern:

»Mir kommt das Niederhauen eines großen schönen Baumes beinahe wie ein Mord vor, ein so wichtiges Produkt der Natur scheint mir ein Baum zu sein.«

Dies führte uns auf die Idee der Alten, welche die Bäume von Halbgöttern bewohnen ließen. Ramler erinnerte sich dabei der Gesnerschen Idylle Amintas, und rezitierte sie in seiner poetischen Übersetzung. Mendelssohn war nicht damit zufrieden, daß der Dichter dem Hirten für die Erhaltung eines Baumes, außer der inneren Belohnung, gut gehandelt zu haben, noch äußeren Wohlstand gibt.

»Das hieße die Tugend zu einer feilen Dirne machen«, meinte dieser ehrwürdige Weise.

In dem wärmsten Interesse dieses Gesprächs schwebte die Herzogin in unsern Kreis heran, und es wurde noch eine Weile fortgesetzt, am Ende aber von uns allen der Ausspruch getan, daß die Tugend einen unbeschreiblichen Reiz für die menschliche Seele hätte, und keiner äußern zufälligen Belohnung zum Glücklichsein bedürfte. Gegen die Mittagszeit hatte sich Mendelssohn stillschweigend entfernt und war in das nächste Wirtshaus gegangen, wo er sich sein Essen bestellt hatte; denn aus einem gewiß sehr ehrwürdigen Grunde läßt dieser philosophische Mann sich nie zu den Mahlzeiten der Christen einladen. Wahrscheinlich tut er es, um dadurch seiner Nation lieb zu bleiben und mehr auf sie wirken zu können. Den Nachmittag mußten wir der Herzogin in ihr Museum folgen, wo sie uns eine schöne Sammlung aus Italien mitgebrachter Zeichnungen vorlegte... Ramler wurde nunmehr aufgefordert, etwas zu lesen, und da gerade Nathan der Weise auf dem Tisch vor uns lag, so wählte er etwas daraus. Wenn es Verstorbenen erlaubt ist, an den Beschäftigungen ihrer Erdenfreunde teilzunehmen, so wird der Geist dieses großen Mannes über die Verehrung, welche ihm in unserm Zirkel geleistet wurde, die reinste Freude gefühlt haben. Während wir von der Wahrheit seiner Gedanken oder von dem trefflichen Charakter des Nathan zur lauten Bewunderung hingerissen wurden; so saß Mendelssohn mit verschlossenem Munde da, und seine Seele schien sich bloß in die Augen zurückgezogen zu haben. Ach, was mußte er auch dabei empfinden, da Lessing ihm so ganz Freund im Leben gewesen war. Indessen würde Lessing den Charakter des Nathan minder schön gezeichnet haben, wenn er nicht in seinem Freunde Mendelssohn das Urbild dazu gekannt hätte. Unsere ernsten Empfindungen sanfter zu stimmen, trat endlich die liebe Herzogin an ihr Klavier und spielte ein paar

Arien mit dem angenehmsten Ausdruck. Beim Schlusse derselben empfahl sich Mendelssohn, indem er mit einer Träne im Auge versicherte, er hätte heute mit dem Geiste geschwelgt. – Der liebenswürdige Weise besitzt in der Tat einen so schwachen Körperbau, daß er ununterbrochen eine Diät führen muß, welche so gut als das strengste Fasten bei einem gewöhnlichen Menschen ist; dennoch hört man ihn nie darüber klagen, sondern die gleichmütigste Heiterkeit und gute Laune begleiten ihn überall. Ich könnte Ihnen noch viel von unserm Mendelssohn sagen...

Weitere Eintragungen aus dem Tagebuch von Sophie Becker

Berlin, den 10. Okt.

Heute besuchte Elisa mit mir und Nicolai Mendelssohn, Spalding und Biester. Diesmal sahen wir auch Mendelssohns Frau, die mir sehr gut gefällt und ein Weib von vielem wissenschaftlichen Verstande zu sein scheint. Sie nimmt den innigsten Anteil an dem, was ihr Mann spricht. Heute wurde bei ihm viel über Lessing gesprochen, und zwar durch Veranlassung der ganz neuerlich ausgekommenen Briefe des Geheimrats Jacobi an Mendelssohn, in welchen Jacobi den Spinozismus widerlegt und zugleich beweist, daß ihm Lessing zugetan gewesen. Mendelssohn und Nicolai, welche Lessings Grundsätze genau gekannt haben, sehen dies für ein Komplott der Lavaterschen Partei an, welches durch Anschwärzung ihres ersten Mannes, nämlich Lessings, anhebt.

Berlin, den 27. Nov.

... Jacobis Schrift, welche so gern wieder alles auf den bloßen Glauben zurückführen will und die Vernunft als eine Irrführerin vorstellt, hat Mendelssohn beinahe zu dem Entschlusse gebracht, den Unterschied der alten Theologie von der neueren zu zeigen und darzutun, wie die ersten

Kirchenväter die Vernunft zur Prüfung des Christentums empfohlen und nur die sogenannten Geheimnisse der Religion über dieselbe, aber mit nichten wider dieselbe hielten, und wie die neueren die Vernunftmäßigkeit des Christentums herabwürdigen, indem sie dieselbe gar nicht achten; allein Nicolai hat ihn als seiner Ruhe Freund davon ernstlich abgehalten. Elisa erzählte ihm heute, was Spalding zum Behufe der geheimen Gesellschaften und der Schwärmerei gepredigt hatte, und forderte ihn auf, zum Besten der Wahrheit dasjenige wenigstens nach seinem Tode zu hinterlassen, was ihm jetzt die Sorge für sich und seine Familie untersagte. »Ach«, sagte er, »was soll ich schon für Christen sorgen, da mein eigener Herd so schlecht bestellt ist. Das wahre Judentum ist nirgends mehr, Schwärmerei und Aberglauben ist bei uns in der größten Abscheulichkeit. Wenn meine Nation nicht so dumm wäre, so würde sie mich wegen meines ›Jerusalems‹ steinigen, aber sie verstehen mich nicht.« Wir sprachen hierauf von Kl. [Klopstock] und lobten ihn, daß er so gar nichts um die neueren Schwärmereien gäbe, obgleich sein Glaube an alle Wunder so fest ist. »Und doch steht in der Bibel nirgends, daß sie aufhören werden«, sagte Moses.

Wir sprachen hierauf davon, wie man in dem Religionsunterrichte der lutherischen Kinder ihnen das stets einprägte, daß die Wunder seit Christus' Zeiten aufgehört hätten, und wie man die Nation der Juden in ihrem verachteten Zustande als den redendsten Beweis der Wahrheit der christlichen Religion aufstellte.

Nun wollte ich ihn weiter fragen, worin denn eigentlich der Grund dieser beständigen Absonderung ihrer Nation von allen andern läge, und ob die Philosophen derselben nicht allmählich diese durch Vorurteil festgesetzte Barriere wegrücken sollten – aber da trat Nicolai herein und die Unterredung nahm eine andere Wendung.

Berlin, den 17. Dez.

Um zehn Uhr morgens fuhren wir heute in Nicolais Gesellschaft zu Moses Mendelssohn und brachten da zwei Stunden der angenehmsten Unterhaltung zu. Diesmal betraf unser Gespräch die Musik und zwar hauptsächlich die Glucksche, von der Reichardt sehr eingenommen ist. Mendelssohn ist für den simplen Gesang und verwirft Koloraturen, welche Nicolai verteidigt.

Berlin, den 7. Jan.

Teurer Moses, wie äußerst interessant müßte Deine Biographie sein! Von der bittersten Armut schwang er sich zum Wohlstande auf. Er sagte unter anderm, die lebhafteste Freude in seinem Leben sei der Fund von zwanzig Groschen gewesen, für welche er sich ein reines Hemd gekauft habe.

am 23. Dez. 1785

Teuerste Sophie!

Scheut Ihr lieber Bruder nicht meinen grauen Bart, so lasse ich mich wahrlich auch nicht den schwarzen Rock abhalten, daß ich meine Brust an die seinige drücke, in welcher ein so würdiges Herz schlägt. Es ist überhaupt mit der Familie Becker eine eigene Sache. In welchen Stand sie auch treten und in welcher Form sie erscheinen: als Hofdamen oder Schäferinnen, Priester oder Solotänzer; sie behalten ihren Wert als Mensch unverändert, und werden von jedwedem geliebt, der diesen Wert zu schätzen weiß. Überhaupt aber bin ich dem geistlichen Stande so abgeneigt nicht, als Ihr Bruder selbst zu sein scheint. Jeder Stand hat seine Schwachheit; und die des geistlichen Standes fallen mehr auf, je verehrungswürdiger sein Beruf an sich selbst ist. Je edler ein Ding in seiner Vollkommenheit ist, spricht ein hebräischer Schriftsteller, desto mehr Ekel erregt es in seiner Verderbtheit. So wie Deutschland noch jetzt beschaffen ist, hat die Geistlichkeit noch die ganze Kultur und Sittlichkeit des Volkes in Händen. Sie allein erhält Philosophie und schöne Wissenschaften in einigem Wert. Der Geistliche liest noch, wenn er auch im Amt ist; alle übrigen Stände gehen ihrem Geschäft nach oder spielen.

Von Herzen bedaure ich die beiden unvergleichlichen Schwestern, [Elisa von der Recke und ihre Schwester Dorothea] wegen der Langenweile, welche sie in den Tagen der öffentlichen Lustbarkeit haben werden. Oder werden auch Sie daran teilnehmen, beste Sophie? Ich fürchte, ja; und in diesem Falle nehmen Sie auch Anteil an meinem Erbarmen. Gute, liebe Seelen, welche Arbeit erwartet euer! unseligere Arbeit als diejenige, welche Schröpfer, Cagliostro oder Mesmer den Betrogenen vorschreiben, die sich ihnen anvertrauen. Was ich aus Mitleiden tun kann, soll Ihnen indessen nicht entgehen. Ich will die Göttin Eitelkeit, welche zu Friedrichsfelde einige Verdrießlichkeit gehabt zu haben scheint, zu versöhnen suchen; und ihr flehen, auf einige Wochen sich auf die Neustadt in dem Cesarschen Haus mit ihrem ganzen Gefolge einzufinden, daselbst ihren Altar zu errichten, und täglich einige von ihren Kammerjungfern nach der Kochstraße abzusenden, um auch Elisen und ihre Freundin einzuladen. Die Philosophie wird anfangs saure Gesichter machen; aber sie wird so bescheiden sein, zurückzuweichen, und sich begnügen, zu beobachten und über die Sitten der Menschen Glossen zu machen; und die Langeweile mag indessen ins Komödienhaus gehen und die »Hochzeit des Figaro« aufführen sehn. Vielleicht fällt in der Zwischenzeit auch ein Stündchen für Mendelssohn ab, den die Philosophie allenfalls in einem Nebenzimmer unterhält, bis die allein herrschende Göttin befriedigt ist.

Mein kleiner Nathan nahm das Geschenk so auf, als wenn er darauf gerechnet hätte. »Dieses schenkt mir Sophie?«

sprach er, »schön! Sie hat es mir auch versprochen; und nun will ich es auch meiner Braut schenken, aber erst ein wenig selbst damit spielen.«

Guten Morgen, meine Teuerste! Ich gehe an meine Ruderbank. Erhalten Sie mich in gutem Andenken bei den beiden unvergleichlichen Schwestern.

Moses Mendelssohn
(An Sophie Becker)

In Königsberg

Donnerstag kam Mendelssohn an. Ich reiste eben mit dem Hofgerichtsrat Grafen Dohna, der mich seiner Freundschaft in einem höhern Grad, als ich's wert bin, würdigt, aufs Land, kam aber Sonnabends wieder. Sonntags ließ mich Kant zu sich rufen und sagte mir, Mendelssohn sei bei ihm gewesen und habe mit ihm unter andern auch von mir gesprochen, ob ich nämlich nicht Professor in Halle an Meiers Stelle, der kürzlich gestorben, werden wollte. Zedlitz habe ihm (Mendelssohn) aufgetragen, einen zu der Stelle vorzuschlagen, und er wolle es auf Kant ankommen lassen. Natürlich war mein erstes, daß ich Kant sagte: Herr Professor, ich bin noch nicht reif. Er meinte es dann auch, sagte mir aber dabei, ich sollte doch nur sehen, aufs erste etwas Philosophisches auszuarbeiten und Zedlitz zu dedizieren; Mendelssohn würde es dann mit seinem Ansehen unterstützen und mir, da Meiers Stellung für mich noch nichts wäre, zu einer andern helfen. Dies geschah Vormittag, und ich war kaum von Kant zurück, da ich schon zu meiner Gräfin, die mich wie eine Mutter liebte, ging und ihr alles haarklein erzählte.

Nachmittag ging ich zu Hamann und fand auf dem Wege nahe an dem roten Kran einen Menschen stehen, der durch seine Gestalt und sein Gesicht das roheste Herz zum Mitleiden erweichen konnte. Ich gehe zu ihm und sage: »Ich habe gewiß die Freude, Herrn Mendelssohn zu sprechen.«

»Sind Sie nicht Herr Kraus?« antwortete er, »wir gehen wohl einen Weg.« Die Juden, die mit ihm waren, müssen ihm vorher gesagt haben, daß ich's sei. So gingen wir zu Hamann, wo eine Stube voll Bekannter und Unbekannter unserer warteten, namentlich Herr Heinz, Mamsell Stolzin (ein geistreiches kurländisches Mädchen, das Hamann gewöhnlich Sonntags besucht), Herr Lindner (des Professors Bruder) usw. Mendelssohn setzte sich in den Winkel, und ich mich neben ihn, denn Hamann glaubte, wir gehörten so am meisten zusammen; wir sprachen von diesem und jenem mit einer Sorglosigkeit, als wären wir miteinander erzogen. Er klagte auch, wie ich immer gern klage. »Gute Laune, Herr Kraus, das ist besser als alle Medizin«, antwortete er mir. Er hat wirklich viel Laune, und einen schneidenden talmudischen Witz, der unter der Direktion seines scharfsinnigen Verstandes durch und durch fährt, wo er ihn anbringt. Man muß mit ihm etwas vorsichtig sprechen, wie ich jetzt erst zu meiner Lehre und Reue erfahre. Von meiner Professorschaft habe ich kein Wort mit ihm gesprochen, weder Sonntags noch gestern ... Er wollte nach Memel reisen, denn da sollte er eigentlich hin; aber seine Verrichtungen in Memel sind glücklich ohne seine Gegenwart zustande gekommen, und so wird er denn noch an drei Wochen hier bleiben und dann abreisen ...

(Chr. J. Kraus)

Kant an Marcus Herz

Heute reiset Ihr und, wie ich mir schmeichle, auch mein würdiger Freund Herr Mendelssohn von hier ab. Einen solchen Mann, von so sanfter Gemütsart, guter Laune und hellem Kopfe in Königsberg zum beständigen und inniglichen Umgange zu haben, würde diejenige Nahrung der Seele sein, deren ich hier so gänzlich entbehren muß und die ich mit der Zunahme der Jahre vornehmlich vermisse; denn, was die des Körpers betrifft, so werden Sie mich deshalb schon kennen, daß ich daran nur zuletzt und ohne Sorge oder Bekümmernis denke und mit meinem Anteil an den Glücksgütern völlig zufrieden bin. Ich habe es indessen nicht so einzurichten gewußt, daß ich von dieser einzigen Gelegenheit, einen so seltenen Mann zu genießen, recht hätte Gebrauch machen können, zum Teil aus Besorgnis, ihm etwa in seinen hiesigen Geschäften hinderlich zu werden. Er tat mir vorgestern die Ehre zween meiner Vorlesungen beizuwohnen... Ich bitte Sie, mir die Freundschaft dieses würdigen Mannes ferner zu erhalten...

Sie sind der einzige, mit dem ich über die wichtigsten Dinge sprechen kann

Korrespondenz mit einem jungen Kollegen

MENDELSSOHN AN DEN 23JÄHRIGEN THOMAS ABBT

Berlin, den 3. Nov. 1761

Verzeihen Sie, daß Ihr mit so vieler Ungeduld erwartetes Schreiben mit ebensovieler Saumseligkeit beantwortet wird. Herr Nicolai ist, wie Sie wissen, eben nicht der rüstigste Briefschreiber; und ich, sein wohlbestallter Sekretär, habe Abhaltungen gehabt, die mich zu allem freundschaftlichen und gelehrten Umgange untüchtig gemacht haben. Wer ein menschliches Herz hat und die Seinigen mit ihrer Tugend darben sieht, zu einer Zeit, da die verworfensten Buben in ihrem Überflusse fast ersticken; wer dieses sieht und aus Mitleiden sich schmiegen und ein kleiner verächtlicher Schmeichler werden muß: mit welchen Augen kann ein solcher den Musen oder der Freundschaft unter die Augen treten, und ihres freien und edlen Umgangs genießen? Doch diese Aussicht kränkt mich allzusehr, als daß ich mich länger dabei aufhalten könnte. Ich will mich überwinden und diesen

Abend alles vergessen was meine Gemütsruhe stören kann. Weg mit den abgeschmackten Grillen!...

MENDELSSOHN AN ABBT

Berlin, den 4. Juli 1762

Seit einigen Wochen habe ich keinen Freund gesprochen, an keinen Freund geschrieben, nicht gedacht, nicht gelesen, nicht geschrieben; nur getändelt, geschmaust, heilige Gebräuche beobachtet, mich bald hier, bald da zur Schau stellen lassen, und unter tausend andern vielbedeutenden Kleinigkeiten meine Zeit hinbringen müssen. Denn die Stunde ist gekommen, mein bester Freund! welche mir die Muse des Abälardi Virbii längstens angekündigt hat. Ein blauäugiges Mädchen, das ich nunmehr meine Frau nenne, hat das eiskalte Herz Ihres Freundes in Empfindungen zerlassen, und seinen Geist in tausend Zerstreuungen verwickelt, aus welchen er sich nunmehr nach und nach wieder loszuwinden sucht. Um mich zu sammeln und wieder zu mir selbst zu kommen, ergreife ich dieses Blatt und schreibe...

Herr Nicolai hat Ihnen bereits gemeldet, daß ich auf denselben Einfall gekommen bin als Sie, nämlich um den Preis zu arbeiten. (Es handelt sich um die von der Akademie ausgeschriebene Preisarbeit mit dem Thema »Über die Evidenz in metaphysischen Wissenschaften« Abbt, aber auch Immanuel Kant befanden sich unter den Mitbewerbern, den Preis jedoch erhielt, 1763, Mendelssohn. Anm. d. Hrsg.) Meine Abhandlung hat vier Abschnitte, davon drei bereits entworfen sind. Wäre ich nicht von häuslichen Geschäften unterbrochen worden, so hätten sie schon fertig und vielleicht schon in eine andere Sprache übersetzt sein können. Denn ich bin willens, sie von Herrn..., wenn Sie mir nicht etwa abraten, ins Lateinische übersetzen zu lassen. Als ich aus Ihrem Schreiben ersah, daß Sie um den Preis sich bewerben wollen, war mein erster Einfall, meine Arbeit einzustellen und das fertige Manuskript nach Rinteln reisen zu lassen. Der Begriff, daß meine Ausarbeitung mit der Ihrigen ringen sollte, machte mich schüchtern. Jedoch der Rat unseres Freundes und meine reifere Überlegung bewogen mich, diesen Entschluß zu ändern. Ich gestehe es, daß ich den Helden lieber nicht gekannt hätte, mit dem ich zu kämpfen habe. Da er sich aber einmal zu erkennen gegeben hat, so erfordern die ritterlichen Gesetze, daß ich auch meinen Helm aus den Augen rücke und meinen Freund vor dem Zweikampfe noch einmal umarme. – Zu Anfang des künftigen Jahres wollen wir unsere Waffen vertauschen. Ich schicke Ihnen meine Ausarbeitung, und Sie mir die Ihrige; aber nicht eher: damit wir uns einander nicht verwirren, und alsdann das Vergnügen haben, zu sehen, was für Wege wir einschlagen, wenn wir, uns einander unbekannt, über dieselbe Materie schreiben. Unterliege ich, so ist es doch mein Freund, der den Sieg davon trägt. Sie sehen, ich spreche immer, als wenn ich wüßte, daß niemand um den Preis eifern könnte, als Sie und ich.

Herr ... hat Ihnen geschrieben, daß ich meine Philosophischen Schriften selbst rezensieren wollte. Der hat gelogen. Ich gebe Ihnen Ihr Versprechen nicht wieder zurück, und beschwöre Sie vielmehr bei unserer Freundschaft, mich bald vor Ihren Richterstuhl zu fordern. Wenn Sie mich lieben, so sehen Sie immer auf die kritische Waage, ohne den mindesten Blick auf den Klienten zu werfen. Sinkt sein Schicksal zur Erde, so zerbrechen Sie den Stab mit dem Ernste eines Höllenrichters, und sodann umarmen Sie Ihren Freund! Sie können sich nicht vorstellen, wie sehr mich die geringste Nachsicht kränken wird. Besonders aber bitte ich um Ihr philosophisches Urteil über die erste und vierte Abhandlung des zweiten Teiles. Noch hat kein Rezensent die Liebe zur Wahrheit gehabt, dem Publikum zu sagen, ob ich recht oder unrecht habe. Die mehrsten scheinen nichts mehr als meine Vorrede gelesen zu haben.

Besonders da die Franzosen gegenwärtig soviel deutsch lesen, da auch die Literaturbriefe von ihnen mit Beifall aufgenommen und gelesen werden, da sie aber, wenn sie von deutschen Schriften in ihrem Journal étranger reden wollen, immer nicht wissen, woran sie recht sind, und ziemlich linke Urteile fällen; so wünschte ich freilich, daß Sie denselben zuvorkommen und ihnen zu verstehen geben möchten, mit welchem Auge man unsere philosophischen Schriften betrachten muß. Die guten Herren haben meine Briefe im Journal étranger übersetzt, und davon ganz seltsam geurteilt. Erstlich schreiben sie alle philosophische Lehrsätze, die in denselben vorkommen, auf meine Rechnung und halten mich für einen sehr tiefsinnigen Geist. Allein sie beklagen sich über meine entsetzliche Dunkelheit. Beide falschen Urteile kommen daher, weil ihnen noch in unserer Weltweisheit alles neu ist; weil sie nicht wissen, wie vieles man in Deutschland als bekannt voraussetzen kann, wie vieles bei uns jedes ehrliche Menschengesicht auf hohen Schulen einsaugt, das ein Franzose in das Land der idées creuses verschickt. Wer kann dafür, wenn diesem hernach vieles dunkel scheint? Wenn Sie mein Freund, also denselben vorgreifen, und ihnen gewissenhaft anzeigen, wie wenig Neues ich hinzugetan, wie vieles ich aus den Kompendien habe, welche in Deutschland durchgehends bekannt sind, und wie kurz man bei uns über gewisse philosophische Materien sein muß, weil sie schon bis zum Ekel wiedergekäuet worden sind – wenn Sie dieses alles in Ihrer Rezension sagen wollten –? Doch was habe ich Ihnen vorzuschreiben? Sagen Sie, was Sie wollen, nur die Wahrheit!

MENDELSSOHN AN ABBT

Berlin, den 2. Nov. 1762

Wir leben in einer düstern, schwermütigen Zeit. Freunde vergessen einander, Brüder kennen sich nicht mehr. Zu Wasser und zu Lande, vom Aufgange bis zum Niedergange ist ein Menschenwürgen; Könige gehen zu Fuße, Geldwechsler fahren mit Sechsen, Dichter belagern Festungen, und Weltweise heiraten. Alles ist in der größten Unordnung. Und was das Schlimmste ist: die guten Schriftsteller nehmen überhand, und die Literaturbriefe werden loben oder verstummen müssen.

Wenn uns doch die Könige diesen Winter den Gefallen tun wollten, Friede zu machen! so könnten wir uns noch mit einem Scheine der Ehre aus dem Spiele ziehen, und unsern Offizier selbst lesen lassen. Solange aber diese noch im Felde stehen, müssen wir noch unsere letzten Kräfte wagen und den Krieg fortsetzen.

Herr Lessing hat geschrieben, und einen Beitrag zu den Literaturbriefen versprochen. Leben Sie wohl, mein teuerster Freund! und vergessen Sie niemals, daß zu Berlin unter Last von tausend unangenehmen Geschäften, beim Überfluß an blasenden Postillonen und beim Mangel von vielen notwendigen Dingen, ein verheirateter Philosoph lebt, der sich nennt usw.

MENDELSSOHN AN ABBT

Berlin, den 20. Nov. 1763

... Glauben Sie aber ja nicht, daß ich mir einbilde, gesiegt zu haben, weil die Akademie mir den Preis zuerkannt hat. Ich weiß gar wohl, daß im Kriege nicht selten der schlechtere General den Sieg davonträgt. Wir müssen den Streit unter uns ausmachen. Wenn ich Sie nicht überzeuge, so ist dieses Beweis genug, daß meine Gründe die erwünschte Evidenz nicht haben. In der Tat, wenn Freunde unter sich ohne Eigensinn, ohne Nebenabsichten, mit lauterm Herzen die Wege zur Wahrheit suchen, und sich nicht vereinigen können; so muß keiner von beiden auf der Landstraße sein, oder es wird um soviel wahrscheinlicher, daß überhaupt gar keine Landstraße zu derselben führe.

Abbt an Mendelssohn

Rinteln, den 11. Jan. 1764

...Doch anstatt von schlechten Autoren zu sprechen, lassen Sie mich einmal das hierher setzen, was ich tausendmal habe sagen wollen. Sie sind der einzige Mensch, mit dem ich über die wichtigsten Dinge, worauf endlich alles Lernen sich beziehen muß, sprechen kann und mag. Wollen Sie wohl erlauben, daß ich Ihnen meine Gedanken und Zweifel darüber vortrage und Sie dagegen oder mit mir einstimmig höre?...

Mendelssohn an Abbt

Berlin, den 9. Febr. 1764

Ich stelle mir vor, wie Sie jetzt auf einer Dachstube, wo Sie das Wasser hingetrieben, vor Langerweile fast umkommen; und von Zeit zu Zeit Ihre Verwünschungen, wie Vater Jupiter seine foudres de poche, zum Giebelfenster hinausschleudern, auf die ganze Natur und auf ganz Hessenland. In der Tat müssen Sie bei dem herandringenden Wasser in nicht geringer Angst sein und vielleicht gar eine allgemeine Überschwemmung befürchten; denn der Winkel, in welchem wir sind, läßt uns, der Logik zum Trotze, allezeit auf das Ganze schließen. Eine allgemeine Überschwemmung! Vielleicht gar eine zweite Sündflut! Warum nicht, die Menschen leben gottlos genug, eine verdient zu haben. Die Himmel zergehen, die Sterne werden vom Wasser weggespült, die Elemente durcheinander gerüttelt, die ganze Natur wird untergehen und unsere Literaturbriefe mit!

Nicht wahr? Das heißt die Figur des Unerwarteten noch etwas weiter getrieben als Cowley. Ich wußte aber auf keine andere Weise von der Wasserflut auf die Literaturbriefe zu kommen. Nun bin ich da!

...Aber der Tod Baumgartens, verdiente dieser nicht von einer freimütigen Feder beschrieben zu werden? melden Sie mir doch Ihre Gedanken davon. Ohne in die geheimen Winkel Ihres Herzens eindringen zu wollen, möchte ich wissen, was Sie als Kind des Glaubens von diesem misologischen Tode halten. »Wer von den Wissenschaften mit mir spricht, ist mein Feind!« Dieser Ausdruck ist meines Erachtens auf keinerlei Weise zu entschuldigen. Wenn die Vernunft nicht heilig genug ist, uns in der Todesstunde Gesellschaft zu leisten und nach unserm Erblassen die Augen zuzudrücken, warum warten wir so lange? Lieber frühzeitig die Widerspenstige aus seinem Umgange verbannt und so gelebt, wie man zu sterben gedenkt. Wenn ich wüßte, daß mir die Todesstunde eine solche Meinung von der Vernunft beibringen könnte; den Augenblick wollte ich den ganzen Plunder, Weltweisheit genannt, von mir werfen, und mich zum Tode bereiten.

Mendelssohn an Abbt

Orakel, die Bestimmung
des Menschen betreffend.

... Dieser allerweiseste Wohltäter hat uns hierher geschickt, unsere Kräfte durch beständige Übungen zu verbessern. Daß dieses sein Wille sei, lehrt uns die Natur unserer Begierden, Wünsche, Leidenschaften; lehrt uns unser Wohlgefallen, Mißfallen, Geschmack, Eigensinn und unsere Eitelkeit selbst. Der ungebildete Mensch empfindet die Kraft aller dieser Triebfedern, ohne sie in Worte ausdrücken zu können. Der Ausgebildete vernünftelt darüber; und ist desto glückseliger, je genauer sein freier Wille mit der wahren Bestimmung seiner Naturtriebe, mit den Absichten Gottes übereinstimmt.

Hat dieser Wohltäter noch andere Absichten mit uns als die wir auf Erden erfüllen? Keine Substanz wird vernichtet, und solange sie da ist, erfüllt sie die Absichten ihres Erhaltens.

Hängt unser zukünftiger Zustand mit dem gegenwärtigen zusammen? so vollkommen als die Reihe der Absichten Gottes, als die Gründe einer langen Demonstration. Keine der folgenden kann ohne alle vorhergehenden bestehen. Die Blüte, welche ein Nordwind herabwirft, das Samenkörnlein, so nicht zum Gedeihen kommt, zerstieben, werden aufgelöst; ihre Teile nehmen eine andere Bildung an, und erfüllen in ihrer neuen Organisation Absichten Gottes. Würden sie es tun, wenn jene nicht vorher Blüte, dieses Samenkörnlein gewesen wäre? – Die Absichten Gottes gehen, wie die Schlußfolgen einer richtigen Demonstration, allezeit den nächsten Weg zum Ziele.

Auch dort, o Mensch! auch dort wirst du der Menschheit dienen; und du würdest ihr nicht dienen können, wenn sie dich hinieden nicht deine Kräfte hätte ausbilden lassen: so wenig als du hienieden hättest Mensch sein können, wenn deine Grundbildung nicht in dem Blute deines Vaters wäre zubereitet worden.

In der göttlichen Ordnung herrscht Einheit des Endzwecks. Alle untergeordnete Endzwecke sind zugleich Mittel, alle Mittel sind zugleich Endzwecke. Denke nicht, dieses Leben sei bloß Vorbereitung, das künftige bloß Endzweck. Beide sind Mittel, beide sind Endzwecke. Mit gleichen Schritten gehen die Absichten Gottes und die Veränderungen einer jeden Substanz ins Unermeßliche fort...

1. Welches ist die Bestimmung des Menschen? – Antwort: In dem Zustande vernünftiger Erkenntnis die Absichten Gottes zu erfüllen, fortzudauern, vollkommener zu werden, und in dieser Vollkommenheit glückselig zu sein.

2. Worein sollen die Tausende ihre Bestimmung setzen, die sie durch das Denken nicht erforschen? – Antwort: Sie bleiben ihr treu, ohne darüber zu grübeln. Erfüllen die Weltkörper nicht ihre Bestimmung, ohne sie zu wissen? Der Unendliche hat nicht einmal die Stillung des Hungers auf unsere Vernunft ankommen lassen, geschweige die Erfüllung seiner Hauptendzwecke.

3. Es sterben Säuglinge? – Antwort: Nicht ohne irgendeine

Fertigkeit ihrer Seele ausgebildet zu haben; wäre es auch nur das Vermögen zu fühlen, das die Geburt im Mutterleibe schon übt. Was für Veränderungen (ich erstaune, wenn ich sie überdenke), bevor ein Samentierlein in seiner neuen Bildung Hunger, Wärme und Nässe fühlen lernt! Und sie wollen, daß es dadurch nicht tüchtiger werden könnte, die Absichten seines Schöpfers zu erfüllen? Jedes Samenkörnlein, das nicht zur Befruchtung kommt, muß gleichwohl durch diese Bildung tüchtiger geworden sein, in der darauffolgenden Organisation die Absichten Gottes zu erfüllen.

4. Woher kommt es, daß soviele tausend Fähigkeiten hier auf Erden nicht einmal zu dem mäßigen, hier möglichen Grade der Entwicklung kommen? – Antwort: Hier möglichen? ohne oder mit Vernachlässigung weit wichtigerer Absichten? Getrauen Sie sich hierauf zu antworten? – Und woher es kommt? daher, daß viele tausend Fähigkeiten in der allgemeinen Anordnung die göttlichen Absichten in einem andern Zustande erfüllen konnten, ohne die ganze, hier mögliche Reihe der Ausbildung durchzuwandern.

5. Warum aber nur einige? Warum nicht alle? – Antwort: So kann jemand leugnen, daß alle Stücke einer Uhr zu einer einzigen Absicht übereinstimmen. Dieses Rad läuft schnell, jenes langsam, ein drittes gibt fast gar kein Zeichen einiger Bewegung von sich. Warum liefen sie nicht gleich schnell oder gleich langsam, wenn sie eine gemeinschaftliche Absicht verbände? – So ist es! – Die Einheit der Absicht erfordert Mannigfaltigkeit in den Bestimmungen der Teile...

Mendelssohn an Abbt

Berlin, den 20 Juli 1764

... Was die Bestimmung meiner Landsleute sein wird, fragen Sie? Welcher Landsleute? der Dessauer? oder der Bürger zu Jerusalem? Erklären Sie sich deutlicher und sodann werde ich Ihnen mit dem Pankratius beim Molière antworten: Je m'en lave les mains. Je n'en sais rien. Il en sera ce qu'il en pourra. Selon les aventures. Was mein System nicht beunruhigt, das macht auch mir keinen Kummer. Pompadour, Brühl, die Jesuiten, Glaubensrichter, Seeräuber, Tyrannen, Giftmischer und Landesverräter; was tut das? Mit dem Kaltsinne eines deutschen Metaphysikers hülle ich mich in meinen kahlen Mantel und sage wie Pangloß: Diese Welt ist die beste!

Ich wiederhole meine schon so oft vorgebrachte Ausflucht: wenn es gleich nicht allemal nötig ist, daß ich die Ausübung der Gerechtigkeit mit Augen sehe; so will doch sehr nötig sein, daß solche in Erfüllung komme und (welches in meinen Augen ein wichtiger Grund ist) daß die Seelen der Gottlosen nicht so verstümmelt bleiben mögen, als sie sehr oft von hinnen gehen. Von der bloßen, genugtuenden Gerechtigkeit halte ich, die Wahrheit zu gestehen, gar wenig. Alle Züchtigung hat Besserung zum Endzwecke und in den göttlichen Gerichten allezeit Besserung des zu züchtigenden Subjekts. Diese Besserung kann niemals ganz ausbleiben, muß dereinst erfolgen. – Hieraus läßt sich unsere Bestimmung schließen!

Jedoch der Sabbath geht an! Leben Sie wohl, mein bester Freund!

Mendelssohn an Abbt

16. Febr. 1765

O Wahrheit, Wahrheit, die sich in dich verlieben, sind die geplagtesten Geschöpfe. Mit Steinen muß man dir nachwerfen, wenn man vergnügt leben will.

...Sie haben mich einst, wenn ich mich anders recht besinne, über eine gewisse Geschichte, die Sie schreiben wollten, zu Rate gezogen, und ich habe Ihnen nichts darauf geantwortet. Ich konnte nicht; denn was weiß ich von der Geschichte? Was nur den Namen von Geschichte hat: Naturgeschichte, Erdgeschichte, Staatsgeschichte, gelehrte

Geschichte, hat mir niemals in den Kopf kommen wollen; und ich gähne allezeit, wenn ich etwas Historisches lesen muß, es müßte mich denn die Schreibart aufmuntern. Ich glaube, die Geschichte ist eines der Studien, welche nicht ohne Unterricht erlernt werden können...

Von dem letzteren Buche [Bahrdts »Verbessertem Christen in der Einsamkeit«] habe ich nichts mehr gelesen als die liebreiche Beschuldigung, die Akademie hätte durch mich die christliche Religion bestreiten lassen. Trescho, Ziegra, Bahrdt und einige andere ihres Gelichters ärgern sich fast zu Tode, daß Unchristen auch Vernunft haben sollen. O wohl uns, daß der liebe Gott gütiger ist als Trescho, Ziegra und Bahrdt!

Leben Sie wohl, mein Freund! Der Sabbath ist da; und da das Kalb längst in eine Goldtinktur zerrieben worden, so sind die Gesetze mir heilig.

Mendelssohn an Abbt

Berlin, den 26. März 1765

Ich erkläre Ihnen ein für alle Mal, daß ich mit Vergnügen an Sie schreibe und daß es mein rechter Ernst ist, wenn ich Ihnen mit allzu langen Briefen drohe, ob ich gleich diese Drohung leider! so selten erfüllen kann. Mein lieber Freund! Ich höre den langen Tag soviel unnützes Geschwätz, ich sehe und tue soviel gedankenlose, ermüdende und dummachende Dinge, daß es keine geringe Wohltat für mich ist, wenn ich mich des Abends mit einem vernunftsliebenden Geschöpfe unterhalten kann. Gelehrten Umgang habe ich nicht, haben vielleicht nur überaus wenige in dem großen musenlosen Berlin. Die wenigen Freunde der Wissenschaften, welche hier sind, suchen sich einander nicht; wenigstens sucht mich niemand: und Sie wissen, wie wenig ich aufgelegt bin, andere zu suchen. Lessing habe ich nunmehr in drei, und er mir in vier Jahren nicht geschrieben. Sie sind also der einzige, mit dem ich mich von literarischen Sachen unterhalte; und wenn ich nicht aus dem Buch der vernünftigen Geschöpfe ganz ausgestrichen sein will, so muß ich Ihnen sehr oft und sehr lange Briefe schreiben. Welches zu erweisen war. - Nun fragen Sie mich ja nicht, warum es denn so selten geschieht? und glauben Sie einem ehrlichen Israeliten auf sein Wort, daß es niemals anders als aus Mangel der Muße unterbleibt. Dieses sei Ihnen hiermit ein für allemal gesagt!

MENDELSSOHN AN ABBT

Berlin, den 11. Juni 1766

Es sind nunmehro wohl sechs Monate, daß Sie an mich, daß ich an Sie nicht geschrieben. Nicolai der Buchhändler hat einige Briefe von Ihnen erhalten, aber Nicolai der Freund auch keine Zeile. Was hat zu dieser langen Pause Gelegenheit gegeben? wer von uns hat den freundschaftlichen Briefwechsel unterbrochen? Nicht ich! ob ich gleich die gültigste Entschuldigung von der Welt hätte. Ich habe beinahe die ganze Zeit über in der äußersten Gemütsunruhe gelebt. Ich habe einen alten Vater, ich habe ein zartes Kind vor einigen Monaten verloren; ich bin in Gefahr gewesen, meine Frau, die ich mehr als Vater und Kind liebe, zu verlieren. Nächst diesem bin ich die ganze Zeit über mit einem Wust von Geschäften geplagt gewesen, die so unangenehm waren, daß ich meine ganze Philosophie zusammennehmen mußte, das Leben erträglich zu finden. Der Himmel behüte Sie vor ähnlichen Entschuldigungen! Indessen wünsche ich doch lieber, daß Ihnen Frau, Kind und Vater gestorben wären, als daß Sie aufgehört hätten, unser Freund zu sein.

ABBT AN MENDELSSOHN

Bückeburg, den 26. Juni 1766

Ich sollte aufgehört haben Ihr Freund zu sein? das wolle Gott nicht! Ich verlöre in Wahrheit eine der größten Glückseligkeiten meines Lebens. Ich habe es immer als eine solche gerechnet, daß ich mit Ihnen bekannt und fast durch Sympathie gleichsam auf einmal Freund geworden bin. Denn ich weiß es, daß ich Sie gleich gewonnen habe, so langsam Sie sonst auch mit Verschenkungen Ihres Zutrauens sind. So was verscherzt man nicht mutwillig und gibt es noch weniger auf ...

MENDELSSOHN AN ABBT

22. Juli 1766

... Sagen Sie doch, liebster Freund! wie fange ich es an, wenn ich mir von der Geschichte der alten und neuern Zeiten auch nur einigen Begriff machen will? Ich habe bisher die Geschichte mehr für die Wissenschaft des Bürgers (citoyen) als des Menschen gehalten; und geglaubt, ein Mensch, der kein Vaterland hat, könnte sich von der Geschichte keinen Nutzen versprechen. Ich merke aber, daß die Geschichte der bürgerlichen Verfassung mit der Geschichte der Menschheit ineinanderfließt und daß es unanständig ist, in jener ganz unwissend zu sein. Aber wo fange ich an? Gehe ich zur Quelle, oder begnüge ich mich an den allgemeinen Welthistorien, die seit einiger Zeit so sehr im Schwange sind? Und zu welcher raten Sie mir? Vergessen Sie nicht, mir auf diesen Punkt zu antworten. Leben Sie wohl! Unser Nicolai grüßt Sie herzlich.

Deutschland hat sie nötig

HERDER AN MENDELSSOHN

Weimar, den 10. Okt. 1779

Verzeihen Sie, hochgeschätzter Herr, daß ich Sie mit diesem christlichen Buche beschwere [einer Schrift über die Offenbarung Johannis]. Es geschieht nicht, Sie zu bekehren, noch mir von Ihnen als Kunstrichter, wenn Sie noch einer sind, ein gnädiges Urteil zu erkaufen; ich übergebe es dem rechtschaffenen Israeliten, den ich von Herzen hochschätze, als ein Zeichen dieser Hochachtung und als ein Buch in seiner Sprache, in den Bildern seiner Propheten und Lehrer geschrieben. Sie können, mein Herr, der beste Richter sein, ob die Bilder rein und klar das bedeuten, was ich sie bedeuten lasse, und ob ich den Zusammenhang des Buches, der eben auch aus den Ideen Ihrer Nation ist, getroffen. Was bei uns in diesem Buche kahle, leicht zu verdeutelnde, weithergeholte Gelehrsamkeit ist, ist bei Ihnen, wie mich dünkt, angenommene heilige Sprache. Nehmen Sie das Buch in dieser reinen stillen Absicht, als von einer guten Hand gegeben, auf, setzen sich beim Lesen in meine, eines christlichen Lehrers, Stelle und verbinden mich etwa, wenn Sie's wert finden, einmal im stillen mit Ihrer unparteiischen Meinung...

Leben Sie herzlich wohl nach Seel und Leibe.

Herder

Mendelssohn an Herder

Berlin, den 20. Juni 1780

Der verbindlichste Dank, den ich Ihnen, mein verehrungswürdigster Herr, für die Mitteilung Ihrer Schrift über die Offenbarung Johannis schuldig bin, habe ich so lange verschoben, bis ich das Vergnügen haben kann, mir einen ähnlichen zu verdienen. Wenigstens hat das Werk, davon ich Ihnen die erste Lieferung hiebei zu übersenden die Freiheit mir erlaube, mit dem Ihrigen eine ähnliche Veranlassung gehabt. [Es handelt sich um die »Übersetzung der fünf Bücher Moses«.]

Auch ich habe Kinder, die ich erziehen soll. Zu welcher Bestimmung? ob im Sachsen-Gothaischen bei jeder Durchreise ihren jüdischen Kopf mit einem Würfelspiel zu verzollen; oder irgendeinem kleinen Satrapen das Märchen von den nicht zu unterscheidenden Ringen zu erzählen, weiß nur der, der uns alle unsere Pfade vorgemessen. Meine Pflicht ist, sie so zu erziehen, daß sie in jeder Situation sich von ihrer Seite keine Schande zuziehen, und die ihnen ihre Nebenmenschen unverdient zuwerfen, mit Resignation ertragen. Hierauf war es mit der Übersetzung, bei der ersten Unternehmung wenigstens, angesehen...

Herder an Mendelssohn über Lessings Tod

Weimar, den 15. Febr. 1781

Ohne Zweifel, lieber teurer Mendelssohn, wissen Sie so gut wie ich, Lessings Tod; ich kann aber nicht umhin, da ich mich schon seit zwei Tagen damit trage und gegen niemand mein Herz darüber recht ausschütten und losmachen kann, an Sie, liebster Mendelssohn, zu schreiben, an Sie, dessen Freund er so sehr war, und den ich mir in meinen ersten Jahren so gern und oft mit ihm zusammen dachte. Die Vorsehung hat auch hiebei wie bei allem, ihre weisen, guten Zwecke und Wege; er ist bald und frühe des unvollkommenen Wirrwarrs losgeworden, in und mit dem wir uns hier schleppen, um nun die ersten Blicke der Wahrheit und festen Seelenfreiheit tun zu können; Ihnen aber brauche ich's gewiß nicht zu sagen, was Deutschland, was die Wissenschaften, was die edle männliche Bestrebung in den Wissenschaften an ihm verloren und lange nicht wiederfinden werden. Mir ist's noch immer, so entfernt wir voneinander arbeiteten und dachten, so leer zu Mut, als ob Wüste, weite Wüste um mich wäre.

Lassen Sie sich, lieber Mendelssohn, erbitten, gewissermaßen seinen Platz in mir auszufüllen und mir etwas näher zu sein als Sie es sind. Eine Reihe von Zufällen und Umständen, an denen ich zum Teil doch nicht ganz schuld bin, hat Sie, wie ich lange wenigstens dachte, entfernter gegen mich gemacht als ich's wünschte... Ich begehre nicht Ihre Freundschaft, die sich nicht antragen läßt, die ich auch meiner Gemütsart nach niemandem in der Welt je angetragen habe; aber Ihre Gutmütigkeit, Ihr unverhohlenes Wohlwollen in Sachen, wo wir doch einerlei Zwecke im großen ganzen, wenn gleich in so verschiedenen Sphären, zu befördern haben, dies wünsche, dies erbitte ich mir, da ich Sie so innig und aufrichtig hochschätze und liebe, auch mit jedem Jahre des Lebens lieber gewinne ...

Freilich stehen Sie ungemein freier und reiner als ich in meinem Stande, wo ich so viel tragen, schonen muß, um nicht größere wesentlichere Pflichten des Lebens zu verderben ...

Leben Sie wohl, liebster Mendelssohn, und sparen sich, so viel an Ihnen ist, unserer Erde. Da Lessing hin ist, hat Deutschland Sie, wenn Sie auch nur stillwirkender Zeuge sind, vor so vielen andern nötig.

Ihr herzlich ergebener

Herder

MENDELSSOHN AN HERDER

Berlin, den 15. März 1781

Auch dieses, mein bester Herder, ist Weg der Vorsehung, daß Lessings Tod zwei Gemüter sich einander näher bringen muß, die, wie jetzt am Tage liegt, ein leidiges Mißverständnis voneinander entfernt hatte ...

Aber unsere Begegnung zu P. [Pyrmont] mag wohl an der darauf erfolgten Entfernung der Gemüter so ziemlich schuld sein. Offenherzigkeit verdient Gegenoffenherzigkeit. Ich werde Ihnen gestehen, was damals in meinem Herzen vorgegangen, als ich Sie einige Male sah und sprach. Ich glaubte in allen Ihren Blicken die Bitte zu lesen: »Lieber Mann, ich habe jetzt einen Weg zu gehen, auf dem ich mir Ihre Begleitung verbitten muß. Je näher in Lehre, desto entfernter im Leben. Sie kennen die Menschen, auf die ich jetzt wirken muß, wenn ich meinen Endzweck erreichen will. Unsere Stege müssen divergieren, wenn wir beide zur Herberge kommen wollen.«

Diese Sprache hat mir so mancher rechtschaffene Mann in Ihrer Lage zu verstehen gegeben, daß sie mich an Ihnen nicht mehr befremdete. Ich bin ohnehin gewohnt, so oft ein Freund seinen Stand verändert oder verändern will, ein wenig schüchtern zu werden; und nicht mehr mit meiner gewöhnlichen Vertraulichkeit ins Haus zu stürzen, sondern erst leise anzupochen und zu lauschen, ob nicht auch innerlich eine Veränderung vorgegangen, oder wenigstens zum Scheine vorgenommen werden muß. Ich beschloß daher, mich nach Ihrem Wunsche zu bequemen, und der Zeit zu überlassen, was sie aus unserer Gesinnung gegeneinander machen will. So wenig ich diese weltkluge Weise im Herzen billige, so kann ich sie doch an andern entschuldigen; und bescheide mich willig, daß vielleicht meine Mißbilligung selbst der bürgerlichen Lage zuzuschreiben, in der ich mich befinde. Diese bedarf allezeit mehr passive als aktive Herablassung.

Und nun Lessings Tod! Der einzige Mann, an dem ich in mehr als 30 Jahren keine Spur von dieser Gesinnung wahrgenommen, der so allezeit ungeteilten Herzens, ganz sich selbst gleich, ganz mein Freund und Wohltäter blieb! Der Tod dieses Freundes, mit dem ich zu leben gleichsam gewohnt war, hat in meinem Herzen eine tiefe Wunde geschlagen; und es ist ein wahres Labsal für meine Seele, daß Sie eine gleiche Lücke in Ihrem Herzen empfinden und solche durch die Annäherung mit dem meinigen wieder auszufüllen gedenken. Haben Sie herzlichen Dank dafür, daß Sie den ersten Schritt dazu getan. Sie sollen mich sicherlich auf halbem Wege treffen. Ich gehe etwas langsam, aber ununterbrochen. Jeder hat seine Weise, und ich habe das Zutrauen zu Ihrer Menschenkenntnis, daß Sie meine kaltscheinende Weise nicht mißkennen werden. Sie ist in Wahrheit mehr gemäßigt, als kalt; und Sie werden sie hoffentlich in der Folge der Zeit immer echter und bewährter und Ihrer Liebe würdiger finden. ... Ich hoffe, es soll bei diesem ersten Schritte, den wir zur Freundschaft getan, nicht bleiben; und verspreche Ihnen, allezeit so offenherzig zu sein, als Sie mich jetzt finden. Ich kann Ihnen auf der Laufbahn, auf welcher Sie so große Schritte tun, nicht folgen; aber ohne Neid kann ich Ihnen meinen herzlichen Beifall nachrufen, so oft Sie ihn mir zu verdienen scheinen. Lieben Sie mich, Brüderchen!

Moses Mendelssohn

Der Verkünder der Toleranz

Religion der Duldung

20. Aug. 1770

...Ich unterschreibe willig und von ganzem Herzen das Gute, was Sie von der Sittenlehre des Neuen Testaments sagen. Ich glaube es gar gern, daß Jesus vieles von dem nicht gelehrt hat, was uns die christlichen Rabbinen so viele Jahrhunderte in seinem Namen gepredigt, und warum sie so gewürgt haben und sich haben würgen lassen.

Ein Christentum wie das Ihrige, mein Herr, würde unsere Erde in ein Paradies verwandeln, wenn es allgemein angenommen werden sollte. Und wer wird bei einer so wichtigen Sache sich bei einem Worte aufhalten? Soll man die reinste Sittenlehre Christentum nennen? Warum nicht, wenn dieser Name Nutzen bringen kann? Aber dieses Christentum ist wahrlich eine unsichtbare Kirche, die zum Teil aus Juden, Mohammedanern und Chinesen besteht, und wohin vornehmlich Griechen und Römer zu rechnen sind. Es ist höchst sonderbar, daß unsere Urteile übel zusammenhangen. In der Geschichte sind Griechen und Römer unsere Bewunderung, und wir müssen in Vergleichung mit ihrer Tugend uns selbst verachten. Wenn wir aber in compendiis den Lohn der Tugend austeilen, die Seligkeit nämlich, so wird an Heiden gar nicht gedacht, oder sie werden schnöde abgewiesen...

Ihre Frage: warum ich keine Proselyten zu machen suche, hat mich ein wenig befremdet. Die Pflicht zu bekehren ist offenbar eine Folge aus dem Grundsatze, daß außerhalb der Kirche des Bekehrenden keine Seligkeit zu hoffen sei. Da ich als Jude nicht nötig habe, diesen Satz anzunehmen, indem, nach der von mir angeführten Lehre der Rabbinen, die Tugendhaften eines jeden Glaubens gar wohl selig werden können; so fällt der Grund zur Bekehrung weg, und ich bin vielmehr verbunden, eine jede Religion, die eine gute moralische Seite hat, öffentlich nicht zu bestreiten. La réligion, sagen Sie, est le culte de Dieu. Ja! Aber es gibt, wie jedermann weiß, einen innerlichen und äußerlichen Gottesdienst, welche wohl unterschieden werden müssen.

Der innerliche Gottesdienst der Juden hat keine andere Vorschrift, als die Vorschriften der natürlichen Religion. Diese sind wir allerdings verbunden auszubreiten; und soviel in meinem Vermögen steht, suche ich diese Pflicht zu erfüllen. Diese Pflicht nicht zu erkennen, wäre die äußerste Lieblosigkeit; wiewohl sie auch ihre Grenzen hat, und zuweilen ihre Einschränkung leidet.

Hingegen ist unser äußerlicher Gottesdienst gar nicht bestimmt, ausgebreitet zu werden, weil er Vorschriften enthält, die an Personen, Zeiten und Umstände gebunden sind. Wir glauben zwar, unsere Religion sei die beste, weil wir sie für göttlich halten; aber daraus folgt nicht, daß sie schlechterdings die beste sei. Sie ist die beste für uns und unsere Nachkommen, die beste für gewisse Zeiten und Umstände und unter gewissen Bedingungen.

Welcher äußerliche Gottesdienst für andere Völker der beste sei, hat Gott ihnen vielleicht durch Propheten bekannt gemacht, oder vielleicht ihrer Vernunft auszumachen überlassen. Ich weiß hiervon nichts und kann hierüber nichts bestimmen; aber soviel weiß ich, daß kein äußerlicher Gottesdienst allgemein sein könne, und daß ich die Religion meiner Väter über ihre Grenzen ausdehne, wenn ich Proselyten zu machen suche.

Noch eins weiß ich: daß ich alle Freunde der Tugend und Weisheit aufrichtig liebe, und daß ich Sie, mein Herz, von ganzem Herzen verehre, wenn Sie in der Tat so sind, wie Sie mir in Ihrem Briefe scheinen.

Moses Mendelssohn
(An einen Unbekannten)

Bürgerliches Elend und Religion

Wären Ihre Anmerkungen mir einige Wochen früher in die Hände gekommen, vielleicht hätte ich einige derselben nicht unbeantwortet lassen können; das Argument z. B. von unserm bürgerlichen Elend auf die Unwahrheit unserer Religion, – ich erstaune, daß man dieses noch immer geltend machen will. Diese Art zu schließen scheint mir nicht nur unphilosophisch, sondern sogar dem Geiste des Evangeliums zu widersprechen. Was haben Jesus und die Apostel mit mehrerem Nachdruck einzuschärfen gesucht, als daß man vom Zeitlichen nicht auf das Ewige schließen soll? Könnten wir nicht alle bürgerlichen Vorteile und Vorzüge genießen, wenn wir, wie unsere Brüder in Spanien und Portugal getan, nur heucheln wollten? Lebten jene, und leben ihrer viele nicht noch in dem blühendsten Wohlstand, in bürgerlicher und politischer Ehre? Und die von uns zur mohammedanischen Religion übergegangen, haben gewiß ihren Religionszustand um nichts verbessert, desto mehr aber ihre zeitlichen Umstände. Sie mögen heucheln oder in Wahrheit türkisch gesinnt sein, so steht ihnen der Weg zu den ersten Ehrenstellen offen. Und von der andern Seite, lebt nicht ein großer und gewiß nicht verächtlicher Teil der Christenheit selbst hier in bürgerlicher, dort in kirchlicher Unterdrückung? Wie lange haben unter ihnen nicht die wenigen Edlen unter dem Joche des Aberglaubens und der Heuchelei seufzen müssen? bis es der Vorsehung gefallen, ihnen glücklichere Zeiten zu bescheiden. Und in diesen glücklicheren Zeiten selbst, was dünkt Ihnen von derjenigen Religion, die in Europa die mächtigste und ausgebreiteste ist? Was würde das Reich der Wahrheit wohl gewinnen, wenn es den Missionaren (von der einen Seite Jesuiten und von der andern Herrenhuter) gelänge, alle Heiden dazu zu machen, was sie selbst sind? Nein, diese Art, aus den unerforschlichen Wegen der Vorsehung auf ihre Absicht zu schließen, kann ich nicht zulassen.

Das sonderbarste ist, daß man christlicherseits alles mögliche tut, diese Argumentation nicht verloren gehen zu lassen. Man hält uns sorgfältig unter dem Drucke, um uns desto siegreicher widerlegen zu können...

(Mendelssohn an den Pastor Hesse)

Der Fürsprecher der Juden

Hannover, den 19. Nov. 1777

In der äußersten Bestürzung und Niedergeschlagenheit, darin ich mich befinde, wage ich es, mit dem kindlichsten Vertrauen zu Ihnen, großmütiger Menschenfreund! meine Zuflucht zu nehmen und mit der innigsten Wehmut um Ihren hilfreichen Beistand zu flehen. Gnädiger Herr! Ich vernehme mit der letzten Post, daß viele Hunderte meiner Mitbrüder aus Dresden vertrieben werden sollen. Unter denselben befinden sich so manche, die ich persönlich kenne, von deren Rechtschaffenheit ich überführt bin, die zwar von Vermögen abgekommen und vielleicht nicht imstande sind, die ihnen auferlegten Lasten zu tragen; die aber sicherlich nicht durch Verschulden, nicht durch Verschwendung und Faulheit, sondern durch Unglücksfälle soweit heruntergekommen sind. Gütiger, allwohltätiger Vater! Wo sollen diese Elenden mit ihren schuldlosen Weibern und Kindern hin? Wo Schutz und Schirm finden? Wenn das Land, in welchem sie um ihr Vermögen gekommen sind, sie ausschleudert? Das Vertreiben ist für einen Juden die härteste Strafe: mehr als bloße Landesverweisung, gleichsam Vertilgung von dem Erdboden Gottes, auf welchem das Vorurteil ihn von jeder Grenze mit gewaffneter Hand zurückweist. Und diese härteste der

Strafen sollen Menschenkinder leiden ohne Schuld und Vergehung, bloß, weil sie andern Grundsätzen zugetan und durch Unglück verarmt sind? Und der Israelit soll ehrlich sein, an dem Armut so hart als Unehrlichkeit bestraft wird? – Nein! Ich enthalte mich aller weiteren Betrachtungen, um das Herz des Menschenfreundes zu schonen, welches dadurch zu sehr verwundet werden würde. Ich habe noch Hoffnung, gegründete, und in meiner Herzensangst mich noch tröstende Hoffnung. Unter der Regierung des besten, liebevollsten Fürsten, unter der Verwaltung weiser Menschenfreunde kann unmöglich Strafe ohne Verbrechen zu befürchten sein; kann der schuldlosen Armut, in welcher Gestalt, Sitte und Religion sie sich einfindet, nicht Feuer, Wasser und Obdach versagt werden.

Vergeben Sie, verehrungswürdiger Beschützer der Unschuld! wenn ich nicht so an Sie schreibe, wie ich an Sie schreiben sollte. Mein Herz ist zu voll, mein Gemüt zu unruhig und keiner überlegenden Fassung fähig. Ich bin mir aber gleichwohl völlig bewußt, mit welcher Ehrerbietung und Hochachtung ich bin etc.

Moses Mendelssohn

(An den Herrn Geh. Kammerrat von Ferber Hochwohlgeboren zu Dresden)

Mendelssohn hatte Erfolg. Die Anordnung zur Vertreibung der Juden wurde aufgehoben.

Testament und Taufe

Berlin, 11. Jan. 1785

...Gesegnet sei die Justiz im preußischen Lande! Herrn Moses Chalvens beide Töchter haben die Religion verändert und das Testament umstoßen wollen, vermöge dessen ein Kind, das die Religion verändert, vom Fideikommiß ausgeschlossen war, und sie haben durch alle gerichtlichen

Instanzen den Prozeß verloren. Abschriften von den gefällten Sentenzen kann ich Ihnen schicken, wenn Sie es verlangen.

Stets der Ihrige

Moses Dessau

Nachschrift. Soeben erfahre ich, daß auch die Erben des Herrn Moses Chalven noch nicht völlig gewonnen Spiel haben. Die Töchter, welche die christliche Religion angenommen, haben noch Berufung eingelegt und hoffen noch ihr Ziel zu erreichen.

(An Elkan Herz)

Juden im Kriege

Was Herr Michaelis von unserer Untauglichkeit zum Kriegsdienste sagt, lasse ich dahingestellt sein. Will er, daß die Religion den Trutzkrieg gutheiße, so nenne er mir die unselige, die es tut. Die christliche sicherlich nicht. Und werden nicht Quäker und Mennoniten geduldet, und mit weit andern Vorrechten und Freiheiten geduldet, als wir?

Anstatt Christen und Juden bedient sich Herr Michaelis beständig des Ausdrucks Deutsche und Juden. Er entsiehet sich wohl, den Unterschied bloß in Religionsmeinungen zu setzen, und will uns lieber als Fremde betrachtet wissen, die sich die Bedingungen gefallen lassen müssen, welche ihnen von den Landeigentümern eingeräumt werden. Allein erstlich ist dieses ja die vorliegende Frage: ob den Landeigentümern nicht besser geraten ist, wenn sie diese Geduldeten als Bürger aufnehmen, als daß sie mit schweren Kosten andere Fremden ins Land ziehen? – Sodann möchte ich auch erörtert wissen: wie lange, wieviel Jahrtausende dieses Verhältnis als Landeigentümer und Fremdling fortdauern soll? Ob es nicht zum Besten der Menschheit und ihrer Kultur gereiche, diesen Unterschied in Vergessenheit kommen zu lassen?

Mich dünkt ferner, die Gesetze sollen überhaupt keine Rücksicht auf besondere Meinungen nehmen. Sie sollten ihren Weg unaufhaltsam fortgehen und das vorschreiben, was dem allgemeinen Besten zuträglich ist, und wer zwischen seinen besonderen Meinungen und den Gesetzen eine Kollision findet, mag zusehen, wie er diese heben kann. Soll das Vaterland verteidiget werden, so muß jeder hinzueilen, dessen Beruf es ist. Die Menschen wissen in solchen Fällen schon ihre Meinungen zu modifizieren und so zu wenden, daß sie mit ihrem bürgerlichen Berufe übereinstimmen. Man suche ihnen nur diesen Widerspruch nicht zu auffallend zu machen. In einigen Jahrhunderten hebt oder vergißt er sich von selbst. Auf diese Weise sind die Christen, der Lehre ihres Stifters ungeachtet, Weltbezwinger, Unterdrücker und Sklavenhändler geworden, und so können auch Juden zum Dienste tauglich gemacht werden...

(Mendelssohn gegen Michaelis)

Vorrede zu Manasseh ben Israels »Rettung der Juden«

...Merkwürdig ist es zu sehen, wie das Vorurteil die Gestalten aller Jahrhunderte annimmt, uns zu unterdrücken und unserer bürgerlichen Aufnahme Schwierigkeiten entgegenzusetzen. In jenen abergläubischen Zeiten waren es Heiligtümer, die wir aus Mutwillen schänden; Kruzifixe, die wir durchstechen und bluten machen; Kinder, die wir heimlich beschneiden und zur Augenweide zerfetzen; Christenblut, das wir zur Osterfeier brauchen; Brunnen, die wir vergiften usw.; Unglaube, Verstocktheit, geheime Künste und Teufeleien, die uns vorgeworfen, um derentwillen wir gemartert, unseres Vermögens beraubt, ins Elend gejagt, wo nicht gar hingerichtet worden sind. – Jetzt haben die Zeiten sich geändert, die Verleumdungen machen den erwünschten Eindruck nicht mehr. Jetzt ist es gerade Aberglaube und Dummheit, die uns vorgerückt werden; Mangel an moralischen Gefühle, Geschmack und feinen Sitten, Unfähigkeit zu Künsten, Wissenschaften und nützlichen Gewerben, hauptsächlich zu Diensten des Krieges und des Staates, unüberwindliche Neigung zu Betrug, Wucher und Gesetzlosigkeit, die an die Stelle jener gröbern Beschuldigungen getreten sind, uns von der Anzahl nützlicher Bürger auszuschließen, und aus dem mütterlichen Schoße des Staates zu verstoßen. Vormals gab man sich um uns alle ersinnliche Mühe und machte mancherlei Vorkehrungen, uns nicht zu nützlichen Bürgern, sondern zu Christen zu machen, und da wir so hartnäckig und verstockt waren, uns nicht bekehren zu lassen, so war dieses Grund genug, uns als eine unnütze Last der Erde zu betrachten und dem verworfenen Scheusale alle Greuel anzudichten, die ihn dem Hasse und der Verachtung aller Menschen bloßstellen konnten. Jetzt hat der Bekehrungseifer nachgelassen; nun werden wir vollends vernachlässigt. Man fährt fort, uns von allen Künsten, Wissenschaften und andern nützlichen Gewerben und Beschäftigungen der Menschen zu entfernen, versperrt uns alle Wege zur nützlichen Verbesserung und macht den Mangel an Kultur zum Grunde unserer ferneren Unterdrückung. Man bindet uns die Hände und macht uns zum Vorwurfe, daß wir sie nicht gebrauchen.

... Überhaupt Menschen, dem Staate unnützlich, Menschen, die in einem Lande nicht zu gebrauchen sind. Dieses ist eine Sprache, die mir eines Staatsmannes unwürdig zu sein scheint. Die Menschen können mehr oder weniger nützlich sein; können so oder anders beschäftigt, die Glückseligkeit ihrer Nebenmenschen und ihre eigene mehr oder weniger befördern. Aber kein Staat kann die geringsten, nutzlos scheinendsten seiner Bewohner ohne empfindlichen Nachteil entbehren, und einer weisen Regierung ist kein Bettler zu viel, kein Krüppel völlig unbrauchbar.

... In einigen neuern Schriften findet man den Einwurf wiederholt, »die Juden bringen nichts hervor; sie sind in ihrer jetzigen Verfassung weder Landbauer, noch Künstler und Handwerker, helfen also der Natur nicht in ihrem Hervorbringen und geben auch ihren Produkten keine andere Form; sondern tragen und versetzen bloß die rohen oder verbesserten Erzeugnisse der Länder von einem Orte an den andern. Sie sind also lediglich Verzehrer, die den Erzeugern zur Last fallen müssen«. Ja, ein großer, sonst einsichtsvoller Kopf hat letzthin laut über den Mißbrauch geklagt, daß der Hervorbringer soviele Zwischenhände zu versorgen, so viele unnütze Mäuler zu ernähren habe! Der gesunde Menschenverstand, meint er, lehre schon, daß die Produkte der Natur und der Kunst verteuert werden müssen, je mehr Zwischenkäufer dazu kommen, die solche nicht vermehren und doch erhalten werden, also an denselben Anteil nehmen wollen. Er erteilet also den Staaten den Rat und die wohlmeinende Warnung, entweder die Juden nicht zu dulden, oder ihnen Landbau und Handwerke zu erlauben.

Das Resultat mag herzlich gut gemeint sein, aber die Gründe sind schwach, die dem Verfasser so einleuchtend und unwiderlegbar scheinen. Was heißt denn nach seinen Begriffen eigentlich Hervorbringer und Verzehrer? Wenn nur derjenige hervorbringt, der etwas Greifbares erzeugen hilft, oder durch seiner Hände Arbeit verbessert, so besteht ja der weit wichtigste und größte Teil des Staates aus bloßen Verzehrern. Der ganze Lehr- und Wehrstand bringt nach diesen Grundsätzen nichts hervor, wenn nicht etwa die Bücher, die von jenem geschrieben werden, eine Ausnahme machen. Beim Nährstande selbst sind zuvörderst Kaufleute, Lastträger, Land- und Wasserfahrer abzurechnen, und am Ende wird die Klasse der sogenannten Hervorbringer größtenteils aus Ackerknechten und Handwerksgesellen bestehen; denn die Landeigentümer und Meister pflegen selten mehr selbst Hand ans Werk zu legen. Sonach bestünde der Staat, außer jenem zwar achtungswerten, aber doch geringern Teil des Volkes, aus Leuten, die durch ihrer Hände Arbeit die Produkte der Natur weder befördern noch vervollkommnen;

also aus bloßen Verzehrern, und wie? also auch aus unnützen Mäulern, die dem Hervorbringer zur Last werden?

Hier fällt die Ungereimtheit in die Augen, und da die Folgerung richtig ist, so muß der Fehler in den Vordersätzen liegen. Und so ist es auch! Nicht bloß Machen, sondern auch Tun heißt hervorbringen. Nicht nur wer mit Händen arbeitet, sondern überhaupt, wer nur etwas tut, befördert, veranlasset, erleichtert, das seinen Nebenmenschen zum Nutzen oder Vergnügen gereichen kann, verdient den Namen des Hervorbringers, und er verdient ihn zuweilen um desto mehr, je weniger Bewegung ihr an seinen Extremitäten gewahr werdet. Mancher Kaufmann, der an seinem Pulte Spekulationen macht, oder auf seinem Ruhesessel Pläne entwirft, bringt im Grunde mehr hervor als der Arbeiter und Handwerksmann, der das mehrste Geräusch macht. Der Kriegsmann bringt hervor; denn er verschafft dem Staate Ruhe und Sicherheit. Der Gelehrte bringt hervor, zwar selten etwas, das in die Sinne fällt, aber doch Güter, die wenigstens ebenso schätzbar sind: guten Rat, Unterricht, Zeitvertreib und Vergnügen. Nur in der Anwandlung einer üblen Laune kann einem weisen Manne, wie Rousseau, der Einfall entfahren, daß der Bisquitbäcker zu Paris mehr hervorbringe, als die Akademie der Wissenschaften. Zur Glückseligkeit des Staates, sowie der einzelnen Menschen, gehören mancherlei sinnliche und übersinnliche Dinge, körperliche und geistige Güter, und wer zu deren Hervorbringung oder Vervollkommnung auf irgendeine mehr oder minder entfernte, mittelbare oder unmittelbare Weise etwas beiträgt, der ist kein bloßer Verzehrer zu nennen, der ißt sein Brot nicht umsonst, sondern hat dafür hervorgebracht.

... Ach, meine Brüder! Ihr habt das drückende Joch der Intoleranz bisher allzuhart gefühlt, und vielleicht eine Art von Genugtuung darin zu finden geglaubt, wenn Euch die Macht eingeräumt würde, Euern Untergebenen ein gleich

hartes Joch aufzudrücken. Die Rache sucht ihren Gegenstand, und wenn sie andern nichts anhaben kann, so nagt sie ihr eigenes Fleisch. Vielleicht auch ließet Ihr Euch durch das allgemeine Beispiel verführen. Alle Völker der Erde schienen bisher von dem Wahne betört zu sein, daß sich Religion nur durch eiserne Macht erhalten, Lehren der Seligkeit nur durch unseliges Verfolgen ausbreiten, und wahre Begriffe von Gott, der nach unser aller Geständnis die Liebe ist, nur durch die Wirkung des Hasses mitteilen lassen. Ihr ließet Euch vielleicht verleiten, eben dasselbe zu glauben, und die Macht zu verfolgen war das Euch wichtigste Vorrecht, das Eure Verfolger Euch einräumen konnten. Danket dem Gotte Eurer Väter, danket dem Gotte, der die Liebe und die Barmherzigkeit selbst ist, daß jener Wahn sich nach und nach zu verlieren scheint. Die Nationen dulden und ertragen sich einander, und lassen auch gegen Euch Liebe und Verschonung blicken, die unter dem Beistande desjenigen, der die Herzen der Menschen lenkt, bis zur wahren Bruderliebe anwachsen kann. O meine Brüder, folget dem Beispiele der Liebe, so wie Ihr bisher dem Beispiele des Hasses gefolgt seid! Ahmet die Tugend der Nationen nach, deren Untugend Ihr bisher nachahmen zu müssen geglaubt. Wollet Ihr gehegt, geduldet und von andern verschont sein, so heget und duldet und verschonet Euch untereinander! Liebet, so werdet Ihr geliebet werden!

Berlin, den 19. März 1782. Moses Mendelssohn

Aus Mendelssohns »Jerusalem«

»Jerusalem oder über religiöse Macht und Judentum« ist eines der Hauptwerke Mendelssohns.

Brüder! Ist es Euch um wahre Glückseligkeit zu tun, so lasset uns keine Übereinstimmung lügen, wo Mannigfaltigkeit offenbar Plan und Endzweck der Vorsehung ist. Keiner von uns denkt und empfindet vollkommen so wie sein Nebenmensch; warum wollen wir denn einander durch trügliche Worte hintergehen? ... Warum wollen wir uns einander in den wichtigsten Angelegenheiten unseres Lebens durch Mummerei unkenntlich machen, da Gott einem jeden nicht umsonst seine eigenen Gesichtszüge eingeprägt hat? Heißt dieses nicht, so viel an uns liegt, sich der Vorsehung widersetzen, den Zweck der Schöpfung, wenn es möglich ist, vereiteln; unserem Berufe, unserer Bestimmung in diesem und jenem Leben geflissentlich zuwider handeln? – Regenten der Erde! Wenn es einem unbedeutenden Mitbewohner derselben vergönnt ist, seine Stimme bis zu Euch zu erheben, trauet den Räten nicht, die Euch mit glatten Worten zu einem so schädlichen Beginnen verleiten wollen ... Es ist getan um unser edelstes Kleinod, um die Freiheit zu denken, wenn Ihr ihnen Gehör gebet! Um Eurer und unsrer Glückseligkeit willen: Glaubensvereinigung ist nicht Toleranz, ist der wahren Duldung gerade entgegen! ... Haltet auf Tun und Lassen der Menschen, ziehet dieses vor den Richterstuhl weiser Gesetze, und überlasset uns das Denken und Reden wie es unser aller Vater ... als ein unwandelbares Recht eingegeben hat ...

Bahnet einer glücklicheren Nachkommenschaft wenigstens den Weg zu jener Höhe der Kultur, zu jener allgemeinen Menschenduldung, nach welcher die Vernunft noch immer vergebens seufzet! Belohnet und bestrafet keine Lehre, locket und bestechet zu keiner Religionsmeinung! Wer die öffentliche Glückseligkeit nicht stört, wer gegen die bürgerlichen Gesetze, gegen Euch und gegen seine Mitbürger rechtschaffen handelt, den lasset sprechen wie er denkt, Gott anrufen nach seiner oder seiner Väter Weise, und sein ewiges Heil suchen, wo er es zu finden glaubt. Lasset niemanden in Euren Staaten Herzenskündiger oder Gedankenrichter sein; niemanden ein

Recht sich anmaßen, das der Allwissende sich allein vorbehalten hat! Wenn wir dem Kaiser geben was des Kaisers ist, so gebet Ihr selbst Gott, was Gottes ist! Liebet die Wahrheit! Liebet den Frieden!

Mendelssohns Bibelübersetzung: Ein erster Schritt der Juden zur abendländischen Kultur

Nach dem ersten Plane meines Lebens, so wie ich ihn in meinen besseren Jahren entwarf, war ich weit entfernt, jemals ein Bibelherausgeber oder Übersetzer zu werden. Ich wollte mich bloß darauf einschränken, des Tages seidene Zeuge verfertigen zu lassen und in Nebenstunden der Philosophie einige Liebkosungen abzugewinnen. Es hat aber der Vorsehung gefallen, mich einen ganz anderen Weg zu führen. Ich verlor die Fähigkeit zu meditieren und mit ihr anfangs den größten Teil meiner Zufriedenheit. *Nach einiger Untersuchung fand ich, daß der Überrest meiner Kräfte noch hinreichen könnte, meinen Kindern und vielleicht einem ansehnlichen Teil meiner Nation einen guten Dienst zu erzeigen, wenn ich ihnen eine bessere Übersetzung und Erklärung der heiligen Bücher in die Hände gebe, als sie bisher gehabt. Dieses ist der erste Schritt zur Kultur, von welcher meine Nation leider! in einer solchen Entfernung gehalten wird, daß man an der Möglichkeit einer Verbesserung beinahe verzweifeln möchte. Ich hielt mich indessen für verbunden, das wenige zu tun, was in meinem Vermögen stehet und das übrige der Vorsehung zu überlassen, die sich zur Ausführung ihres Plans mehrenteils mehr Zeit nimmt als wir übersehen können. Je mehr Widerstand nun dieser schwache Versuch findet, desto notwendiger scheint er mir und desto eifriger werde ich ihn auszuführen suchen.*

(Mendelssohn an Hennings)

Die Psalmenübersetzung

... Ich bin gewohnt, bei jeder Ausarbeitung, die ich unter Händen habe, mir einen Freund zum Lesen zu denken, dem ich vorzüglich zu gefallen strebe. In philosophischen Dingen war es unser Freund Lessing – ist und bleibt es unser Freund Lessing, so lange noch Odem in mir ist, nach dessen Beifall und Aufmunterung ich ringe. Denn ob ihn auch der Eifer für die Freiheit der Untersuchung nur allzu früh aufgerieben hat, so wird er doch für mich nie tot sein, meinem Geiste immer gegenwärtig bleiben; und ich werde bei jeder Zeile, die ich in philosophischen Sachen niederschreibe, mich immer noch fragen: würde Lessing dieses billigen? ...

(Widmung an Herrn Prof. Ramler)

Ich übergebe hier meinem Leser die Frucht einer mehr als zehnjährigen Arbeit, welche mir in dieser Zeit viel angenehme Stunden verursacht, so manches Leiden versüßt hat. Ich habe die Psalmen nicht in ihrer Ordnung, nacheinander weg, übersetzt; sondern wählte mir einen Psalm, welcher mir gefiel, welcher zu der Zeit mit der Lage meines Gemütes übereinkam, welcher mich bald durch seine Schönheit, bald durch seine Schwierigkeit reizte; diesen trug ich im Sinne, bei so mancherlei ungleichartigen Beschäftigungen, mit mir herum, bis ich glaubte, mit dem Geiste meines Dichters so vertraut zu sein, als ich es meiner Fähigkeit nach werden konnte; und dann war das Niederschreiben eine geringe Arbeit. Lies Du eben so, mein Leser, wie ich geschrieben habe; wähle Dir einen Psalm, wie er gerade um die Zeit mit Deinem Gemütszustande übereintrifft; vergiß auf eine kurze Zeit alles dessen, so Du von diesem Psalm bei Übersetzern, Auslegern und Paraphrasten gelesen hast; lies meine Übersetzung und urteile! ... Bei nachmaliger Vergleichung wirst Du finden, daß ich an vielen Stellen von allen meinen Vorgängern weit abgegangen bin. Sei aber versichert, daß es niemals ohne allen kritischen Grund geschehen sei. Ich muß wenigstens geglaubt haben, so den Geist meiner Urschrift besser zu erreichen, so dem wahren Sinn näher zu kommen, und ihn so in unserer Sprache besser auszudrücken ... Ich bin so wenig in Neuerung verliebt gewesen, daß ich mich sogar, was die Sprache betrifft, genauer an Dr. Luther gehalten als an spätere Übersetzer. Wo dieser richtig übersetzt hat, scheint er mir auch glücklich verdeutscht zu haben; und ich habe selbst die hebräischen Redensarten nicht gescheut, die er einmal in die Sprache aufgenommen, ob sie gleich nicht echtes Deutsch sein mögen. Da sie der Gebrauch nun einmal der Sprache gleichsam einverleibt und der Andacht geweihet hat, so verliert der Übersetzer viel, welcher sie durchaus vermeiden will. Ich glaube also, von jeder meiner Abweichungen Rechenschaft geben zu können; und wo ich dem Texte untreu geworden bin, da liegt der Fehler in meiner Einsicht, nicht in meinem Willen. Um aber keinem Urteile vorzugreifen, liefere ich hier vorerst die Psalmen, so wie sie sind, ohne alle kritische Wehr und Waffen ... denn ich wünsche einmal wenigstens ohne alle kritische Rücksicht gelesen zu werden ... Kurz! ich glaube, ohne kritische Vorurteile übersetzt zu haben; wünsche ohne kritische Vorurteile gelesen und beurteilt zu werden und verspreche ohne kritischen Eigensinn Belehrung anzunehmen.

(An den Leser)

Der xxiii. Psalm

Gott ist mein Hirt, mir wird nichts mangeln.
Er lagert mich auf grüne Weide
Er leitet mich an stillen Bächen:
Er labt mein schmachtendes Gemüt,
Und führt mich auf gerechtem Steige,
Zu seines Namens Ruhm. –
Und wall ich auch im Todesschattentale,

So wall ich ohne Furcht:
Denn Du begleitest mich.
Dein Stab und Deine Stütze
Sind immerdar mein Trost.
Du richtest mir ein Freudenmahl
Im Angesicht der Feinde zu:
Du salbst mein Haupt mit Öle,
Und schenkst mir volle Becher ein.
Mir folget Heil und Seligkeit
In diesem Leben nach.
Einst ruh ich ew'ge Zeit
Dort in des Ew'gen Haus.

Religionsgespräch mit dem Erbprinzen

DER ERBPRINZ VON BRAUNSCHWEIG-WOLFENBÜTTEL AN MENDELSSOHN

2. Jan. 1770

Mit aufrichtiger Erkenntlichkeit habe das Vergnügen gehabt, sowohl die dritte Auflage des Phaedon, wie auch das Schreiben an Herrn Lavater zu erhalten, welches mit dem Glimpf und Grad der Menschenliebe geschrieben, welche man zum Voraus zu erwarten hatte, von einer so durchdrungenen Seele als die Ihrige. Wie sehr wünschte ich die Betrachtungen über den Bonnet zu sehen, denn nichts kann einem unseres Glaubens wichtiger sein, als zu bemerken, wie ein unter dem mosaischen Gesetz lebender Philosoph den historischen Beweis von Moses führt, in welchem wir mit ihm einstimmig sind, und wie zugleich denen historischen Beweisen ausgewichen wird, auf welche der christliche Glaube sich gründet, ja welche größtenteils auf Zeugnissen beruhen, welche unter dem mosaischen Gesetz als göttliche Eingebungen angenommen werden. Glücklich würde ich mich schätzen, denenselben Proben von der wahren Hochachtung geben zu können, mit welcher zeitlebens verbleibe

Deroselben ganz ergebener

Carl W. S. Erbprinz zu Braunschweig und Wolfenbüttel

MENDELSSOHN AN DEN ERBPRINZEN VON BRAUNSCHWEIG-WOLFENBÜTTEL

Durchlauchtigster Prinz!

Gnädigster Herr!

Ew. Durchl. würde ich keinen Anstand nehmen, meine Betrachtungen über den Bonnet gehorsamst zu übersenden, wenn solche nicht immer noch mehr in mir als auf dem Papiere existierten. Was davon aufgezeichnet ist, bestehet in abgerissenen Betrachtungen, die das Licht eines erleuchteten Kenners scheuen müssen. Ich habe die beste Hoffnung, daß es unnötig sein wird, sie weiter auszuführen und in Ordnung zu bringen. – Um aber Ew. Durchl. gnäd. Befehl zu gehorchen, werde zur Beantwortung der mir vorgelegten Fragen das Nötige aus meinen Gegenbetrachtungen anführen, in dem festesten Zutrauen zu Dero Weisheit, daß das freimütige Bekenntnis, welches ich Ihnen ablege, niemandem zu Gesichte kommen wird, dem es zum Ärgernis oder Mißbrauch Gelegenheit geben könnte.

»Was hat ein unter dem mosaischen Gesetze lebender Weltweiser für Grund, die historischen Beweise des Alten Testamentes anzunehmen und des Neuen zu verwerfen?«

Durchl. Prinz! Ich kann keinem Zeugnisse trauen, das meiner Überzeugung nach einer ausgemachten, unumstößlichen Wahrheit widerspricht. Nach der Lehre des Neuen Testaments (wenigstens wie dieses in öffentlichen Lehrbüchern erklärt wird) muß ich erstens eine Dreieinigkeit in dem göttlichen Wesen, zweitens die Menschwerdung einer Gottheit, drittens das Leiden einer Person der Gottheit, die sich ihrer göttlichen Majestät entäußert hat, viertens die Genugtuung und Befriedigung der ersten Person in der Gottheit durch das Leiden und den Tod der erniedrigten zweiten Person, und noch viele anderen, diesen ähnlichen oder aus diesen fließenden Sätze bei Verlust meiner ewigen Seligkeit glauben. - Nun kann ich zwar und will auch meine Urteilskraft keinem vernünftigen Wesen zur Richtschnur aufdringen. Wer bin ich elendes Geschöpf, der ich mich dieses anmaßen sollte? Aber ich selbst kann die Wahrheit nicht anders als nach meiner Überzeugung annehmen; und ich gestehe, daß mir die angeführten Sätze den ersten Gründen der menschlichen Erkenntnis schnurstracks zu widersprechen scheinen. Ich kann sie, meiner Überzeugung nach, mit dem, was mich Vernunft und Nachdenken von dem Wesen der Gottheit und ihren Eigenschaften gelehrt hat, nicht in Harmonie bringen, und bin also gezwungen, sie zu verwerfen. – Wenn ich diese Lehre im Alten Testament fände, so würde ich auch das Alte Testament verwerfen müssen, und wenn ein Wundertäter, sie zu bewähren, vor meinen Augen alle Toten erweckte, die seit Jahrhunderten begraben worden, so würde ich sagen: der Wundertäter hat Tote erweckt, aber seine Lehre kann ich nicht annehmen. – Hingegen finde ich im Alten Testament nichts, das diesen Lehren ähnlich sieht, nichts, das meiner Überzeugung nach mit der Vernunft streitet. Daher kann ich mich mit gutem Grunde auf die historische Glaubwürdigkeit verlassen, die wir diesen Schriften einstimmig zuerkennen. Der Unterschied, den ich zwischen den Büchern des Alten und Neuen Testaments mache, besteht also darin: jenes harmoniert mit meiner philosophischen Überzeugung oder widerspricht derselben wenigstens nicht, dieses hingegen fordert einen Glauben, den ich nicht leisten kann.

Ich weiß, daß nach der geheimen Lehre einiger vortrefflicher Männer, die es mit der Wahrheit und der christlichen Religion sehr gut meinen, alle diese der gesunden Vernunft, wie es scheint, anstößige Sätze für menschliche Zusätze erklärt werden. Nach dem Lehrbegriff dieser Weisen war der Stifter der christlichen Religion ein Mensch wie wir übrigen auch sind – ein Gesandter und Prophet Gottes, etwa wie der Stifter der jüdischen Religion oder noch größer, und er hatte den Beruf, unmittelbar von Gott, die alte natürliche Religion in ihre geheiligten Rechte einzusetzen, die Menschen von ihren Pflichten und von ihrer zukünftigen Glückseligkeit zu unterrichten, und seine Lehre durch übernatürliche Wunderwerke zu bekräftigen. – Herr Bonnet hat seine Religion auch nur von dieser vorteilhaften Seite gezeigt, und obgleich daraus nicht zu beweisen ist, daß er dasjenige, was er verschweiget, nicht auch für wahr halte, so müßte ich dieses doch auf eine Zeitlang voraussetzen, um nur die christliche Religion der unitarischen Christen mit der meinigen zu vergleichen.

Ich mache an diese Verbesserer der herrschenden Religion noch folgende Anforderungen:

Sie müssen in ihrem Lehrgebäude nicht, wie Herr Bonnet getan, den Satz zugrunde legen, daß das Judentum und noch weit mehr die natürliche Religion zur künftigen Glückseligkeit der Menschen unzureichend sei. Da die Menschen alle von ihrem Schöpfer zur ewigen Glückseligkeit bestimmt sein müssen, so kann eine ausschließende Religion nicht die wahre sein. – Diesen Satz getraue ich mir als ein Kriterium der Wahrheit in Religionssachen anzugeben. Eine Offenbarung, die allein die seligmachende sein will, kann nicht die wahre sein, denn sie harmoniert nicht mit den Absichten des allbarmherzigen Schöpfers.

Nach der verbesserten Form, welche diese Lehrer der Religion gegeben, haben sie auch zu der Ausschließung nicht den geringsten Grund. Wenn der Stifter bloß den Beruf und die Absicht gehabt, die natürliche Religion in ihre Rechte einzusetzen und die Menschen von ihrer ewigen Seligkeit zu versichern; so muß es zu meinem Heile hinreichend sein, wenn ich nach der natürlichen Religion lebe, und die Lehre von der Unsterblichkeit der menschlichen Seele von ganzem Herzen annehme. — *Daß ein gewisser menschlicher Lehrer dereinst den göttlichen Beruf gehabt, diese Lehre durch Wunder zu bekräftigen, dieses zu glauben kann keine notwendige Bedingung meiner Glückseligkeit sein.*

Die Ewigkeit der Höllenstrafen wird hoffentlich in diesem gereinigten System keinen Platz finden. Allein durch die Lehre von der Genugtuung und Befriedigung der göttlichen Strafgerechtigkeit heischet keine Genugtuung, sondern eine Bestrafung, eine Züchtigung, welche dem Sünder selbst zum Besten gereichet. Sobald in der Haushaltung Gottes die Strafe nicht mehr zum ewigen Wohl des Sünders unentbehrlich ist, so wird sie ihm erlassen.

Vom Satan und den bösen Geistern möchte ich auch gerne die Freiheit haben zu glauben, was meiner Vernunft gutdünkt. Das Alte Testament bestimmt über diesen Punkt nicht mehr, als sich vernünftig erklären läßt.

Der Stifter der christlichen Religion hat niemals mit ausdrücklichen Worten gesagt, daß er das mosaische Gesetz aufheben und die Juden davon dispensieren wolle. Ich habe dieses in allen Evangelisten nicht gefunden. Die Apostel und die Jünger sind sogar lange nachher noch im Zweifel gewesen, ob nicht Heiden, die sich bekehrten, auch das mosaische Gesetz annehmen und sich beschneiden lassen müßten. Allein es wurde beschlossen: den Heiden keine zu große Last aufzulegen (Apostelgeschichte). Vollkommen nach der Lehre der Rabbinen, die ich in meinem Schreiben an Lavater angeführt. Aber für Juden, und wenn sie auch das Christentum annehmen, finde ich im Neuen Testament keine gegründete Dispensation von dem mosaischen Gesetze. Vielmehr hat der Apostel selbst Timotheum beschnitten. Man räume mir also ein, daß es für mich kein Mittel gibt, mich von dem mosaischen Gesetz zu befreien.

Wenn außer der Verbesserung der Hauptlehre der Religion auch noch diese Sätze nebst allen ihren Folgen zugegeben, und die Schriften des Neuen Testamentes nach Maßgebung aller dieser Voraussetzungen ausgelegt und erklärt werden; so erlanget man eine Religion, daran Christen und Juden gleichen Anteil nehmen können. Unter diesen Bedingungen können die Anhänger des Judentums sich gar wohl gefallen lassen, daß dereinst ein Prophet und Gesandter Gottes den Beruf gehabt, nicht das mosaische Gesetz aufzuheben, sondern dem gesamten menschlichen Geschlechte die heiligen Lehren von der Tugend und ihrer Belohnung in jenem Leben zu predigen.

»Aus welchem Grunde ein denkender Jude die Zeugnisse für den Glauben der Christen verwerfe, die in dem Alten Testamente vorkommen und unter dem mosaischen Gesetz selbst als göttliche Eingebungen angenommen werden?«

Ich habe sie gelesen, die Stellen alle im Alten Testament, auf welchen die Wahrheit jenes Glaubens beruhen soll, mit Aufmerksamkeit und mehr als einmal im Zusammenhang gelesen. Wie unaussprechlich elend wäre das Schicksal der Menschen, wenn von der Auslegung dunkler Stellen in einem Buche, das vor undenklichen Zeiten in einer fremden, jetzt toten Sprache für ein Volk in Asien geschrieben worden, die ewige Glückseligkeit des ganzen menschlichen Geschlechtes abhängen sollte! Ich glaube, die Sprache des Grundtextes so gut als irgendein Neuerer zu verstehen; denn sie ist gleichsam meine zweite Muttersprache. Mir scheinen diese Stellen nicht die geringste Spur eines Beweises zu enthalten. Hat mich etwa ein Vorurteil geblendet? oder ist es an dem? Die Auslegungen der Theologen von diesen Stellen haben mir an vielen Orten offenbar falsch und an den übrigen höchst gezwungen und willkürlich geschienen. Zu meinem Troste finde ich, daß die neueren Exegeten, die mit Geschmack und Weltweisheit zur Auslegung der Bibel schreiten, schon so manche Stelle aufgeben müssen, die man sonst für sehr beweisend gehalten. Ich meines Teils nehme mir die Freiheit, diese Streitigkeiten über die Auslegung mancher Schriftstellen als ein gelehrtes Spielwerk zu betrachten und mich selbst zuweilen damit zu belustigen. Aber Gott sei meiner Seele gnädig! Ich kann mir den Grund meiner ewigen Seligkeit unmöglich aus den rätselhaften Träumen Daniels herausziffern, oder aus der erhabenen Poesie eines Propheten herauskommentieren. Diese Schriften sind zur Erweckung des Herzens, aber nicht zur Belehrung des Verstandes geschrieben.

Durchl. Prinz! Ich fürchte, meiner Feder allzu freien Lauf gelassen zu haben und würde untröstlich sein, wenn ich das Unglück hätte, durch allzu große Freimütigkeit mir Ew. Durchl. Ungnade zuzuziehen. – Ich breche mit Zittern hier ab, und erwarte mein Schicksal mit der quälendsten Ungeduld; dem allgütigen Herzenskündiger ist bekannt, daß ich die Wahrheit aufrichtig suche, und daß es mein unveränderlicher Vorsatz ist, niemals mit meinem Wissen einer vernünftigen Seele Ärgernis zu geben. Alle Gelegenheiten, jemals über diese Punkte in öffentliche oder auch in Privatstreitigkeiten zu geraten, werde ich zeitlebens sorgfältig zu vermeiden suchen. Ew. Durchl. habe ich auf Dero Befehl meine Gesinnungen weder verhehlen noch verstellen können. Ich bin von Dero erhabener Denkungsart versichert, daß Sie nichts als Aufrichtigkeit von mir erwarten und mir zugleich die Redlichkeit zutrauen, niemals selbst von diesen Gesinnungen schädlichen Gebrauch zu machen. – Ich verachte die kleine Denkungsart der Freigeister, die sich ein schadenfrohes Vergnügen machen, die Unschuld in ihrer Zufriedenheit zu stören, und mit dem Eiferer, der dieses aus irrendem Gewissen tut, kann ich nicht anders als Mitleid haben. Ich nehme mir daher die Kühnheit, Ew. Durchl. zu bitten, dieses

Schreiben zu vernichten, damit es nicht dereinst in die Hände eines Menschen gerate, der es mißbrauchen oder der sich vermöge seines Standes für verbunden halten könnte, darüber Streit zu erregen.

Unser gemeinschaftlicher Vater, der uns nach unserem Gewissen richtet, kann kein Herz verwerfen, das ihn inbrünstig liebet und aus Unwissenheit, nicht aus Bosheit irrt. - Dieser Geber alles Guten lasse Ew. Durchl. alle die Segenswünsche angedeihen, die mit allen Bewunderern großer Tugenden im Herzen hegt

Ew. Durchl.
Moses Mendelssohn

Absage an die Glaubensphilosophen

Ich von meiner Seite bleibe bei meinem jüdischen Unglauben, traue keinem Sterblichen einen engelreinen Mund zu, möchte selbst von der Autorität eines Erzengels nicht abhängen, wenn von ewigen Wahrheiten die Rede ist, auf welche sich des Menschen Glückseligkeit gründet, und muß also schon hierin auf eigenen Füßen stehen oder fallen; oder vielmehr, da wir alle, wie Herr Jacobi sagt, im Glauben geboren sind, so kehre auch ich zum Glauben meiner Väter zurück, welcher nach der ersten ursprünglichen Bedeutung des Wortes nicht in Glauben an Lehre und Meinung, sondern in Vertrauen und Zuversicht auf die Eigenschaften Gottes besteht. Ich setze das volle, uneingeschränkte Vertrauen in die Allmacht Gottes, daß sie dem Menschen die Kräfte habe verleihen können, die Wahrheiten, auf welche sich seine Glückseligkeit gründet, ohne Autorität zu erkennen, und hege die kindliche Zuversicht zu einer Allbarmherzigkeit, daß sie mir diese Kräfte haben verleihen wollen. Von diesem unwankenden Glauben gestärkt, suche ich Belehrung und Überzeugung, wo ich sie finde. Und Preis sei der seligmachenden Allgütigkeit meines Schöpfers, ich glaube sie gefunden zu haben, und glaube, daß jeder sie finden könne, der mit offenen Augen sucht und sich nicht selber das Licht verstellen will. – Soviel, was mich angeht...

(Aus Moses Mendelssohn »An die Freunde Lessings«)

Krankheit und Tod

Wie gesagt, mein lieber Engel, unser Moses starb, wie er gelebt hatte, sanft und weise. Er ging hinüber wie zu einem lange vorbereiteten Geschäfte, ganz nach seiner Art, wie er zu guten Handlungen in seinem Leben zu schreiten pflegte, ohne Geräusch oder Aufhebens zu machen; mit einer Leichtigkeit, mit der er von seinem Tische, wo er uns so oft vergnügt essen sah, und sich uns dafür hören ließ, nach seinem Sofa unter die Büste seines Lessings hinschlich. – Ich werde ihn nie vergessen, diesen beneidenswerten Tod in meinen Armen: und o daß Sie, daß Ihr, seine Freunde, nicht alle bei diesem Tode des Gerechten zugegen waret!

Ich hatte es erst am Montag zufälligerweise gehört, daß der fromme Mann nicht wohl wäre und das Zimmer hütete. Ich eilte zu ihm und fand ihn stehend an der Kommode, mit seinen Handlungsbüchern beschäftigt. Wie geht es, mein lieber Moses? Sie sind krank? – »Ich habe mich Sonnabends erkältet«, war seine Antwort, »als ich meine Schrift in betreff der Jacobischen Sache zu Vossen (Vossische Zeitung – Anm. d. Hrsg.) brachte; es ist mir lieb, daß ich diese verdrießliche Sache vom Halse habe.«

Er sagte dies letzte mit einem ihm ungewöhnlichen Widerwillen und Mißmut, der mir durch die Seele ging. In der Tat schien ihm noch nichts in seinem Leben soviel oder vielmehr überhaupt eigentliche Gemütskränkung verursacht zu haben, als diese Sache seines Lessings. (Es ging um eine postume Verleumdung Lessings durch den Philosophen Jacobs – Anm. d. Hrsg.) –

»Sie glauben nicht«, fuhr er fort, »wie schwach seit einiger

Zeit mein Gedächtnis ist. Mein Kassenbuch ist voller Unordnung; bald fehlt es hier, bald da, und da muß ich nun stehen und mich anstrengen, um es wieder in die Richte zu bringen.« Er klagte ferner über Schwäche, machte aber nicht viel aus seiner Unpäßlichkeit; sein Puls war natürlich, der Atem frei; nur der Husten etwas feste, wider welchen er sich eines nichts bedeutenden Hausmittels bediente, und öfters Zucker nahm. Dieser war überhaupt seine Lieblingsnäscherei, so oft man ihm denselben auch widerriet. Der Zucker, pflegte er zu sagen, hat nur den einzigen Fehler, daß man keinen Zucker dazu essen kann. Wir sprachen hierauf von dem Zustande der Medizin, von dem er eine sehr große Idee hatte, und von den Geistesfähigkeiten und Nebenwissenschaften, die zum großen, praktischen Arzt erfordert werden; und so verließ ich ihn, ohne ihm etwas zu verordnen, weil sein Körper schlechterdings keine Arzneien vertragen konnte.

Dienstags Vormittags fand ich ihn, in Pelz gehüllt, auf dem Sofa unter seines Lessings Büste sitzen, gleich dem ersten Blick nach kränker und schwächer. »Ich bin heute recht herzlich krank, lieber Doktor«, sagte er. »Mein Husten will nicht los; ich kann nicht essen, habe nicht geschlafen und bin sehr entkräftet.« Dennoch unterhielt er mich von den Geistesfähigkeiten seines kleinsten Sohnes, der gerade im Zimmer war, mit völliger Klarheit des Geistes. Sein Puls war etwas schwach und in einiger Bewegung. Ich beredete ihn, von einem sehr gelinden auflösenden kühlen Tränkchen dann und wann einen Löffel voll zu nehmen.

Des Abends um fünf Uhr lag er auf dem Sofa in einem etwas starken Fieber, wobei sein Atem aber freier und sein Gesicht heiterer als des Vormittags war. Um 9 Uhr war das Fieber fast gänzlich weg, auch sein Atem freier, nur zeigte er eine kleine Stelle in der Brust, in welcher er Stiche fühlte, setzte aber sogleich hinzu: er empfände, daß es Blähungen wären. Ich verabredete mit Herrn Dr. Bloch, daß ihm ein Klystier gegeben werde und auf den leidenden Ort warme Umschläge gelegt werden sollten. Auf den Fall, daß die Stiche sich nicht verlören, wurden wir einig, ihm eine Ader zu öffnen. Er war bei ziemlicher Heiterkeit; als wir sagten, es wären zu viele Leute in seinem Zimmer, antwortete er mit einiger Laune: »Nach Achards Versuchen ist ja diese Luft die gesündeste«; und so wünschten wir ihm eine gute Nacht.

Mittwochs des Morgens um 7 Uhr kam sein Sohn bestürzt zu mir und bat mich, sogleich zu seinem Vater zu kommen, der sehr unruhig wäre. Ich eilte hin und fand ihn auf seinem Sofa; nicht mehr unter Lessings Büste; denn diese stand ihm gegenüber auf der Kommode. Ich erschrak beim ersten Anblick; seine Augen hatten nicht mehr jenes durchdringende Feuer, sein Gesicht war eingefallen und blaß. Er empfing mich nach seiner freundlichen Weise mit einem Händedruck: »Nehmen Sie nicht übel, lieber Herr Doktor, daß ich Sie so früh beunruhige; ich habe eine elende Nacht gehabt. Die Stiche haben sich gleich nach den Umschlägen verloren, aber ich habe einige Ausleerungen gehabt, die mich ganz mitgenommen, ich habe Beängstigung und Unruhe, ich fühle es, daß es mir vom Unterleibe herauftreibt, und meine Brust ist sehr voll.« Sein Puls war fast natürlich, nur etwas schwach, ohne die mindeste Unregelmäßigkeit. Ich erklärte ihm, nachdem ich einige Minuten nachgedacht hatte, geradezu meine Verlegenheit. »Ich weiß wahrlich nicht, lieber Herr Moses, was man mit Ihnen anfängt, da Sie schlechterdings keine Arzneien vertragen können. Alles macht Ihnen Blähungen, alles Beängstigungen; das mindeste wirft Sie über den Haufen.« »Ich will mich einmal aufsetzen, vielleicht geht es besser«, sagte er.

Er richtete sich mit ziemlicher Kraft auf, setzte sich auf den benachbarten Stuhl, stand nach einer halben Minute wieder auf, setzte sich auf das Sofa und sagte: »Es ist nun etwas vorüber.« Aber sein Ansehen ward immer mißlicher und während daß ich in das benachbarte offene Zimmer zu seiner Gattin und seinem Schwiegersohne ging, ihnen seinen Zustand zu verkündigen und zu bitten, daß man mir einen Gehilfen riefe, hörte ich ein Geräusch auf dem Sofa. Ich sprang hinzu, und da lag er, ein wenig von dem Sitze herabgesunken, mit dem Kopfe rücklings, etwas Schaum vor dem Munde; und weg war Atem, Pulsschlag und Leben. Wir versuchten Verschiedenes, ihn zu ermuntern, aber vergebens. Da lag er ohne vorhergegangenes Röcheln, ohne Zuckung, ohne Verzerrung, mit seiner gewöhnlichen Freundlichkeit auf den Lippen, als wenn ein Engel ihn von der Erde hinweggeküßt hätte. Sein Tod war der so seltene natürliche, ein Schlagfluß aus Schwäche. Die Lampe verlosch, weil es ihr an Öl gebrach. Nur ein Mann wie er, von seiner Weisheit, Selbstbeherrschung, Mäßigkeit und Seelenruhe, konnte bei seiner Konstitution die Flamme 57 Jahre brennend erhalten. Ich umfaßte gleich im ersten Augenblicke des Schreckens seinen Kopf und blieb so – Gott weiß wie lange! versteinert stehen. Da neben ihm hinzusinken und mit ihm zu entschlafen, das war der heißeste Wunsch, den ich je gehabt und je haben werde.

Leben Sie wohl! Der Himmel erhalte uns unsere Freunde.

(Marcus Herz an Engel)

Echo der Umwelt

Dieser edle Mann ist nicht mehr... Im Anfang dieses Jahres entriß ihn der Tod seinen Freunden, unsrer Stadt, den Wissenschaften, der Menschheit... Niemand hat ihn gekannt, der ihn nicht geliebt und geehrt hätte... Personen von allen Ständen und Nationen: Fürsten, Staatsminister, Krieger, Geistliche; Männer und Frauen; Fremde und Einheimische; Christen und Naturalisten; Gelehrte und Geschäftsmänner... Er war der Stolz und die Zierde unsrer Stadt.

Jedem aufgeklärten und edlen Fremden ward sein Name genannt und seine Bekanntschaft zu suchen empfohlen... Endlich stehe auch hier als Verdienst: daß er durch seinen untadelhaften Wandel, seine hohe Rechtschaffenheit und durch sein eifriges Lehren wichtiger Wahrheiten es dahin brachte, daß man erkannte, auch ein Jude, auch ein Unchrist, könne ein guter Mensch sein, könne Religion haben, könne unter uns Christen Religion und Tugend befördern.

(Biesters Nachruf in der Berliner Monatsschrift)

Personenregister

ABÄLARDUS VIRBIUS, s. Hamann.

ABBT, Thomas (1738–66); Philosoph, Mitarbeiter M.s bei den »Literaturbriefen«.

BAHRDT, (1741–92); protestantischer Theologe.

BAUMGARTEN, Alexander (1714–62); Philosoph aus Wolfs Schule, Begründer der wissenschaftlichen Ästhetik.

BERNHARD, Isaac; Seidenfabrikant in Berlin, bei dem M. erst Hauslehrer, dann Buchhalter, zuletzt Teilhaber des Geschäfts war.

BIESTER; Hgg. d. Berl. Monatsschrift u. a.

BONNET, Charles (1720–93); französischer Philosoph und Psychologe. Schrieb »Idées sur l'état futur des êtres vivants ou Palingénésie philosophique« (1769). Diese Schrift wurde von → Lavater übersetzt und mit der bekannten Widmung an M. versehen.

BREITENBAUCH, von; Berliner Kunstfreund und Schriftsteller, der zum Kreise Lessings und M.'s gehörte.

CAMPE, J. H. (1746–1818); Pädagoge und Schulreformer; Lehrer an Basedows Schule, dem Philantropin, in Dessau; dann Schulrat in Braunschweig.

DAVESON; Kunsthändler in Braunschweig, wurde ins Gefängnis geworfen, durch Lessings Fürsprache befreit.

DESSAU, Moses; M. nennt sich meist in Briefen an Juden so.

DOHM, Christ. Wilh. von (1751–1820); Kriegsrat, schrieb auf M.'s Anregung die berühmte für die Emanzipation der Juden wichtige Schrift »Über die bürgerliche Verbesserung der Juden« (Berlin 1781).

ENGEL, Johann Jacob (1741–1802); Philosoph.

EUCHEL, Isaak (1758–1804); aus Kopenhagen, Freund → David Friedländers; Hgg. der hebr. Monatsschrift »Ha-Meassef« (Der Sammler), Verf. einer hebr. Mendelssohn-Biographie.

FRIEDLÄNDER, David (1750–1834); aus Königsberg; kommt 1771 nach Berlin; bald Jünger und Freund M.s; Mitbegründer der Berliner Jüdischen »Freischule«. Schrieb u. a. M. M. Fragmente von ihm und über ihn, Berlin 1819.

GÖCKINGK; Verfasser von »Nicolais Leben und liter. Nachlaß«.

GUMPERTZ, Aron Emmerich (auch Aron Salomon) (1723–69); Arzt, Sekretär von Maupertuis, Lehrer und Freund M.'s.

HAMANN, Joh. Georg (1730–88); philosophischer Schriftsteller. Als »Abälardus Virbius« greift er M.s Kritik von Rousseaus Neuer Heloise an. Als Glaubensphilosoph steht er auf Seiten → Jacobis gegen den Aufklärer M.

HENNINGS, August von; lernte als Legationssekretär in Berlin M. kennen. Später trifft er ihn in Dresden und wirkt als dänischer Staatsrat tatkräftig für M.'s Bibelübersetzung gegenüber jüdischen und christlichen Angriffen (s. Altona, Rabbi von).

HERDER, J. G. von (1744–1803); bedeutsam als Gefühlsphilosoph und Führer zur Volkspoesie (»Vom Geist der Ebräischen Poesie«, »Stimmen der Völker in Liedern« u. a.).

HERZ, Marcus (1747–1803); Philosoph, Arzt, Schüler Kants, hält als erster Jude in Berlin öffentliche philosophische Vorlesungen, Arzt M.'s; Gatte der berühmten Henriette H.

HOMBERG, Herz (1749–1841); aus Lieben bei Prag, Freund M.'s, Lehrer seines Sohnes, Mitarbeiter am Kommentar zu M.'s Pentateuch-Übersetzung, kaiserlicher Schulrat in Prag, mit der Oberaufsicht über alle jüdischen Schulen in Galizien betraut.

ISELIN, Isaak (1728–62); Schweizer Philosoph, gründete die »Patriotische Gesellschaft«, zu welcher er M. aufforderte.

JACOBI, F. H. (1743–1819); Philosoph, entschiedenster Gegner der Vernunftreligion und Verfechter des Gefühls als primärer Quelle von Glauben und Erkenntnis.

JÖCHER (1694–1758); bekannt durch sein »Allgemeines Gelehrtenlexikon« (1750/51).

JUNG, Oberförster in Baruth; hatte M.'s Phädon gelesen und war seitdem M. in Verehrung ergeben. 1776 besuchte ihn M.

KOES, Direktor der Königlichen Hauptbank zu Berlin; vermittelt M. den Brief des »Mannes von Stande«.

KRAUS, Chr. J.; Professor in Königsberg.

LANGALLERIE (1656–1717);

tritt 1714 mit einem Plan zur Gründung eines Judenstaates hervor.

LAVATER, Joh. Kaspar (1741–1801); Geistlicher in Zürich, bekannt durch die »Physiogn. Fragmente« (1774–87), in welchen auch M.'s Silhouette erscheint.

LEIBNIZ, Gottfr. Wilh. von (1646–1716); seine Weltanschauung der »prästabilierten Harmonie« beeinflußt den jungen M. bereits in seiner Erstlingsschrift, den »Philosophischen Gesprächen«.

LESSING, Karl Gotthelf; jüngerer Bruder G. E. Lessings; verkehrt viel in M.'s Hause.

LOCKE, John (1632–1704); Begründer des englischen Empirismus, Lieblingsphilosoph des jungen M., der ihn auch wegen seiner Forderung der Gleichberechtigung für Andersgläubige schätzt.

MAIMON, Salomon (1753–1800); litauischer Jude, wegen Ketzerei aus der Heimat verjagt, in Berlin von M. unterstützt.

MAIMONIDES (1155–1205); eigentlich Moses ben Maimon; bedeutendster jüdischer Philosoph.

MANASSEH BEN ISRAEL, Amsterdamer Rabbiner im 17. Jahrhundert; verteidigt in seiner »Rettung« die Juden gegen die Anklagen der englischen Geistlichkeit. Von Cromwell bei seinem Gesuch um Wiederaufnahme der Juden in England unterstützt. M. schrieb die Vorrede zur deutschen Übersetzung der »Rettung«.

MENDELSSOHN, Abraham; M.'s Sohn, Vater Felix Mendelssohn-Bartholdys.

MENDELSSOHN, Joseph; M.' Sohn.

MICHAELIS, Joh. David (1717–91); Theologe, Mitbegründer der historisch-kritischen Bibelforschung.

MÜCHLER; Schriftsteller in Berlin, verkehrt viel mit Lessing und M.

NICOLAI, Chr. Fr. (1733–1811), Schriftsteller und Buchhändler; gibt mit M. die »Bibliothek der schönen Wissenschaften« heraus (1756–59); mit M. und Lessing die »Literaturbriefe« (1759–65). Freund Lessings und M.'s.

RAMLER, Karl Wilh. (1725–98); Freund Lessings und M.'s; verfaßte Oden, Kantaten usw.; darunter »Sulamith und Eusebia«, eine »Trauerkantate auf den Tod Moses Mendelssohns«.

REINBECK; R.'s »Betrachtungen über die Augsburgische Confession« waren unter den ersten deutschen Büchern, die M. las.

ROUSSEAU, Jean Jacques (1712–78); M. übersetzt auf Lessings Rat (1755) R.'s Preisschrift »Über den Ursprung der Ungleichheit unter den Menschen« und fügt in einem »Sendschreiben an den H. Magister Lessing« seine eigenen Ansichten über R. hinzu.

SCHÜTZ, Fr. W.; veröffentlicht anonym eine der ersten M.-Biographien: Leben und Meinungen M. M.'s, Hamburg 1787.

SHAFTESBURY (1671–1713); englischer Politiker und Philosoph des 18. Jahrhunderts; M. hat ihn früh studiert und neben Locke und Leibniz sehr geliebt.

STERNE, Lawrence (1713–68); englischer Humorist (»Tristram Shandy«, »Yoricks empfindsame Reise«).

SULZER, J. G. (1720–79); Ästhetiker, mit dem M. durch Lessing bekannt wurde und der ihn »einen stark denkenden Kopf« nennt.

UHDEN, von; Geh. Rat und als Generalfiskal zuständig für Judenschutzsachen.

WESSELY, Hartog (1724–1805); hebräischer Dichter, Freund M.'s und Mitarbeiter an dessen Pentateuchkommentar. Wegen seines »Sendschreibens« von polnischen Rabbinern in den Bann getan.

WOLF, Christian (1679–1754); Führer der Aufklärungsphilosophie, M. bleibt zeitlebens der Leibniz-Wolfschen Philosophie treu.

ZIMMERMANN, J. G. (1728–95); großbritannischer Leibarzt in Hannover.